倉橋利江

ずっと使える！ぜんぶおいしい！

万能な副菜

292

Contents

コラム②
食べる楽しみが広がる！
サラダ野菜レシピ

コラム③
ムダなくおいしく使いきり！
香味野菜のアイデアレシピ

にんじん

大根

ごぼう

れんこん

かぶ

じゃがいも

さつまいも

里いも

長いも・大和いも 165

きのこ 169

コラム④
どれを食べてもハズレなし！
やみつきアボカドレシピ

コラム⑤
副菜の代わりになる！
アルモンデ！野菜スープ

コラム⑥
作りおきもできる
絶品！野菜のポタージュ

人生を変える副菜！

今までの副菜

そんなにおいしくない

なんとなく食べる

面倒くさい！

野菜は好きじゃない

ワンパターンになっちゃう

残ってしまう

また〜

和？洋？中？

何を作るか悩む…

仕方なく作る

大量消費もちょっぴり使いも、自由自在！

なすが6本残っているか、2本残っているかで、作りたいものは変わってきます。冷蔵庫の野菜を使いきりたいときは「大量消費」と書かれたレシピを選んでください。たっぷり作って、ゆっくりおいしく食べられるようなマリネや浅漬け、ナムルなどがかんたんにできます。少量をササッと作りたいときは、「切るだけ」や「レンチン」と書かれたレシピを選び、短時間で完成させます。片づけもかんたんなレシピです。本書のレシピは、「野菜1つだけ」で十分おいしいものばかりです。

「面倒だな」「もう1品、仕方なく作るか…」と毎日思っていませんか？　副菜は、本当はもっとラクでラフで、自由なものです。本書は、副菜にまつわるネガティブ要素を解決し、作るのも食べるのも楽しみになるようなメニューを提案しています。

新しい副菜

片手間で作れちゃう

ペロリと完食

おかわりしたい！

野菜っておいしい

スイスイ～

繰り返し作りたくなる

味がピタリと決まる

相性 good!

カレーライス + Good!

焼き魚 + Good!

どんなおかずにも合う！

冷凍もOK!

冷凍できる

野菜は副菜で。
主菜は好きなものを！

どうしても「野菜を食べなくちゃ！」と常に考えてしまいますよね。頭の中は「野菜、野菜、野菜…」と追い込まれていませんか？　でも、副菜で野菜おかずを1品作ったり、作りおきの副菜が冷蔵庫にあったりすれば、主菜は自由に考えればいいのです。その日の気分でお刺身を買ってきても、お肉をさっとソテーしてもOKです。「食べなきゃいけないもの」ではなく、「食べたいもの」だけで選べるので気楽ですね。

何を食べよう…♪

おいしい副菜4つのルール

キャベツの浅漬けも ほうれん草のごまあえも、 どうして こんなにおいしいの？

いつも「なんとなく」作っている浅漬けやピクルス、あえもの。味がなかなか決まらなかったり、次の日にはおいしさが半減したりしていませんか？　「もっとおいしく作りたい！」と思ったら、ごくごくシンプルな4つのルールを守ってみてください。ちょっとのコツがとびきりのおいしさにつながります。

ルール1 野菜は2回に分けて水けをきる

味がぼやけてしまう最大の理由は、野菜の水きりが不十分だから。調味料を入れた後に水分が出てしまうと味が薄まってしまいますし、時間がたつほどにおいしさが失われてしまいます。とは言え、「水けをしっかりきりましょう」と言われても、どこまできればよいか迷うかもしれません。葉物野菜などは、強くしぼりすぎてもつぶれてしまいます。**そこでポイントになるのが2回の水きりです。**

例えば、ゆでたほうれん草を水にさらしてざるにあげた後、まずは手でしっかりとしぼります。その後、切って調味料とあえる前にもう一度しぼります。この**「あえる前に、もう一度水けをきる」**という作業がおいしさの秘訣です。

ルール 2 調味料はきっちり量る

　浅漬けやおひたしなどはレシピを見なくてもだいたいの人が作れると思いますが、**レシピの黄金比をしっかりと守ると、一口食べて「おいしい！」と思えるような味に仕上がります**。とくに適当になりがちなのが塩と砂糖ですので、「小さじ1/4」などの表記を守ってください。マリネ液やドレッシングなどは、塩と砂糖のほんの少しのバランスの差が、味の違いにつながります。

　また、調味料はただ入れるだけではなく、**砂糖や塩などの調味料がしっかりと溶けきるまで混ぜることも大切**です。レシピに調味料を入れる順番が書かれているものは、順番通りに混ぜましょう。例えば「砂糖と塩、酢を混ぜてからオイルを入れる」というレシピなのに、先にオイルを投入してしまうと、味がなじみづらくなってしまうからです。

ルール 3 できるだけ大きさをそろえて切る

　野菜はできるだけ、均等な大きさ、厚さになるように切ってください。もちろんお店の料理ではないので、「できる範囲」で構いません。野菜の大きさや長さ、厚さが変わると、食感や味の入り方が大きく変わってきます。例えば、「白菜の葉のほうはしょっぱくて、芯のほうは味が薄い」「にんじんはやわらかすぎて、ごぼうはかたい」という失敗はありませんか？　**素材全体に均一にしっかりと味が入ると、同じ材料、同じ調理法なのに格段においしく仕上がります。**

　じゃがいもなど形が不均等な野菜もあります。大きめのもの、いびつな形のものはレシピ通りに「1個を4等分にする」のが難しいこともあります。その場合は5〜6等分にしても問題ありません。大切なのは、最初に切った大きさに全体をそろえる、ということです。

ルール 4 火を通す時間を守る

　野菜をゆでるときは、指定のゆで時間を守りましょう。火を通しすぎてしまうと、食感が悪くなるだけでなく、甘みやうまみ、色味も落ちます。栄養分も流出してしまう場合があります。

　ゆでた野菜をざるにあげた後も、余熱でゆっくりと中に火が入っていきます。本書のレシピはその時間も計算した上で加熱時間を提示していますので、**タイマーを使ってゆで時間を計る習慣をつけてください**。火加減も大事ですので「沸騰してから」「弱火で」などの表記も参考にしてください。

副菜のお悩みQ&A

副菜にまつわるみなさんのお悩みに、著者の倉橋利江さんがお答えします！

Q.1 副菜ってどうやって決めるの？

A まず私がおすすめするのは「**調理法が重ならないように決める**」ということ。例えば主菜が揚げものだったら、副菜は油を使ったこってり系のものは避け、マリネやサラダ、あえものなどのさっぱりしたメニューを考えます。逆に、主菜がさっぱりした魚料理などの場合には、副菜でボリュームを出せるように、揚げものや炒めもの、食べごたえのあるメニューにします。よく、「和食おかずには和の副菜を」などと言われますが、家庭料理ではそこは考えなくてOKです。和のおかずがメインであっても、副菜は中華や洋風でまったく問題なし！ あとは、「**メインは帰宅してから調理。副菜は作りおき**」など、生活スタイルに合わせて調理法から決めるのもよいかと思います。

Q.2 メインおかずを作るのに手いっぱいで、副菜を作る余裕がありません！

A 確かに、限られた時間で料理をしなければいけないときは、「野菜をゆでる」という工程すら面倒くさいですよね。そんなときは、「**切るだけで食べられる副菜**」に注目してください。何も、レタスやトマトなど従来のおかずだけではありません。カリフラワーや小松菜、マッシュルーム、春菊などの野菜も、ただスライスしたり、手でちぎったりして生のまま食べてみてください。本書ではそのような「切るだけ」の副菜をたくさんご紹介しています（ちなみに私の夫も「カリフラワーはゆでるよりも生のほうがおいしい！」と驚いて食べていました）。それから、**副菜は必ず作らなければいけないものではありません**。面倒なときはパスしてください。具だくさんのスープやみそ汁があれば十分な場合もあります。

Q.3 家族が野菜嫌いで、どうしても副菜を食べたがりません。

A ほうれん草のおひたしやキャロットラペなど、いかにもな野菜おかずはどうしても食べたがらない人がいますね。まずおすすめなのは、**野菜らしからぬ見た目にする**ことです。ガレット（P54「玉ねぎとハムのガレット」）やピザ（P156「薄切りじゃがいものピザ風」）、チップス（P145「れんこんチップス磯風味」）にすると一気に食べやすくなります。また、お子さんの場合はチーズやツナ、ハムなどと一緒に調理し、**ケチャップ味、カレー風味、コンソメ風味**などの味つけにしてはどうでしょう。例えば、にんじんならP132の「にんじんとウィンナーのナポリタン風炒め」、ピーマンならP91の「ピーマンのベーコンマヨ炒め」などがおすすめです。

冷凍で常備したい！おすすめ食材

野菜の副菜をグンとおいしくしてくれて、調味料の代わりにもなる食材は常備しておくと便利です。
冷蔵保存だと使いきれずに傷んでしまうことも多いので、小分けにして冷凍しておきましょう。

辛子明太子

片腹ずつラップで包んで、保存袋に入れます。冷蔵庫で解凍するか、流水解凍して使います。甘塩たらこも同様に冷凍できます。

ザーサイ

瓶を開封した後は、1回分ずつラップに包んで、保存袋に入れます。炒めものやスープなどに凍ったまま使えます。

しらす

少量ずつラップに包んで保存袋に入れると、冷凍焼けを防げます。ちりめんじゃこも同様に冷凍できます。

油揚げ

使いやすい大きさに細かく切ったものをラップで包み、保存袋に入れます。加熱調理の場合は凍ったまま使えます。

ちくわ

輪切りにしてラップに包み、保存袋に入れます。炒めものや煮ものなどに凍ったまま使えます。

シュレッドチーズ

全体に片栗粉をまぶして保存袋に入れるとパラパラな状態をキープできます。加熱調理の場合は凍ったまま使えます。

ベーコン

使いやすい大きさに細切りしてからラップで包み、保存袋に入れます。凍ったまま加熱料理に使えます。

スモークサーモン

重ならないようにラップに包み、保存袋に入れます。冷蔵庫で解凍するか、流水解凍して使います。

おいしさを保証する！おすすめ調味料

基本調味料のほかに下記の6つの調味料を用意しておくと、とてもかんたんに味が決まるうえに、
味のバリエーションも広がります。

オイスターソース

白だし

ポン酢しょうゆ

カレー粉

塩麹

ゆずこしょう

この本の
使い方

旬

お住まいの地域によって多少差がありますが、野菜がもっともおいしいとされる時期を示しています。

おいしい！調理のコツ

下ごしらえのコツ、野菜にまつわる栄養小話、掲載のレシピ以外のおすすめの食べ方など楽しく読んでためになるイラスト付きコラムでご紹介しています。

新鮮でおいしい
野菜の選び方・見分け方

野菜を選ぶときのポイントが記載されています。購入する際に参考にしてください。

冷蔵保存・冷凍保存・
常温保存のコツ

各食材に適した冷蔵・冷凍・常温保存のコツについて記載しています。おいしく保存できれば、余らせることがなく、食材を使いきることができます。保存期間はあくまでも目安です。

7種類の色別タグ

料理写真を見てパッとどんな料理かある程度わかるように、〈作りおき〉〈大量消費〉〈切るだけ〉〈フライパン〉〈レンチン〉〈トースター〉〈5分以内〉の色別タグがついています。作りたいおかずを探すときに参考にしてください。

作りおきおかずの保存期間を表示

作りおきできるおかずには、冷蔵または冷凍で保存できる日数を表示しています。

これだけ覚えて！

人生を変える副菜を作るために、これだけは覚えてほしい調理のポイントを記載しています。

もっと知りたい！

掲載しているレシピのアレンジ方法や野菜の豆知識などをご紹介しています。

本書の決まりごと

＊分量は作りおきおかずは4人分または作りやすい分量、作ってすぐ食べるおかずは2〜3人分です。

＊大さじ1は15ml、小さじ1は5ml、1カップは200mlです。いずれもすり切りで量ります。「ひとつまみ」は親指、人さし指、中指の3本でつまんだ分量で小さじ1/6〜1/5程度、「少々」は親指、人さし指の2本でつまんだ分量で小さじ1/6未満です。

＊特に記載がない場合は、しょうゆは濃口しょうゆ、塩は天然塩、砂糖は上白糖、みそは信州みそ、オリーブオイルはエクストラバージンオイル、バターは有塩バター、生クリームは乳脂肪分35％以上のもの、めんつゆは3倍濃縮タイプを使用しています。

＊はちみつは1歳未満の乳児が食べた場合、乳児ボツリヌス症にかかる場合がありますので与えないでください。

＊だし汁は昆布、かつお節、煮干しなどでとったものです。市販のインスタントだしを表示に従って溶かしたものやだしパックでも代用できます。

＊野菜で特に記載がない場合、洗う、皮をむく、ヘタや種を取り除くなどの下処理をすませた後の手順で説明しています。

＊特に記載がない場合、塩ゆでする、水にさらす、冷水にとるなどに使用する水や塩は分量外です。

＊フライパンはフッ素樹脂加工のものを使用しています。

＊電子レンジは600Wで設定しています。500Wの場合は1.2倍、700Wの場合は0.8倍に換算して加熱してください。

＊オーブントースターは1000Wのものを使用しています。

＊電子レンジ、オーブントースターは機種によって加熱具合が異なりますので、様子をみながら調理してください。

＊火加減で特に記載がない場合は中火ですが、様子をみながら調整してください。

＊保存期間はあくまでも目安です。表示の日数以内でもなるべく早めに食べきるようにしてください。料理を保存する際はしっかり冷まし、乾いた箸やスプーンなどを使い、清潔な保存袋または保存容器で保存してください。

おいしく食べきるコツ！

旬
3〜5月／11〜2月

冬キャベツはずっしりと重く、しっかりと葉が巻かれているものが◎。カットされているものは切り口がみずみずしく、芯が短いものが新鮮！

春キャベツは葉がやわらかく、巻きがゆるくて軽いものが◎。サラダや漬けものなど生で食べるとおいしい。

冷蔵保存のコツ

芯をくり抜いて保存すると鮮度が長持ち！

冷蔵
10日

購入したら芯を包丁でくり抜き、くり抜いた部分に湿らせたペーパータオルを詰め、ポリ袋に入れて冷蔵室で保存を。これで鮮度がグンと長持します。

冷凍保存のコツ

ざく切りで生のまま冷凍 炒めものやスープに

冷凍
1か月

洗って水けをよくふき、ざく切りにします。使う分ずつラップで包み、チャック付き保存袋に入れ、空気を抜いて冷凍を。凍ったまま炒めものやスープに使えます。

おいしい！調理のコツ

繊維を断つように切ってふわシャキに

ふわシャキのせん切りキャベツは、それだけで副菜になります。キャベツ1枚は太い芯を除いて縦半分に切ったら、繊維が横向きになるようにくるくると巻いてまな板に置き、1〜2mm幅のせん切りに。あとは冷水に1分さらして水けをきり、ほぐします。

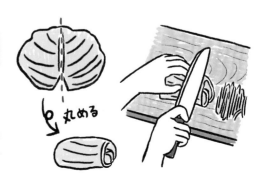

丸める

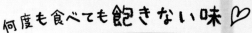

何度も食べても**飽きない**味 ♡

サラダ感覚で食べられる！

冷蔵
3日

冷凍
NG

冷蔵
4日

冷凍
NG

野菜の水けはしっかりしぼるのがコツ！

キャベツのコールスロー

材料(4人分)

キャベツ …… ½個(600g)
にんじん …… ⅓本(50g)
ホールコーン缶 …… 大さじ4(60g)
塩 …… 小さじ½

A｜ マヨネーズ …… 大さじ3
　　粉チーズ、牛乳 …… 各大さじ1
　　砂糖、酢 …… 各小さじ1
　　塩、こしょう …… 各少々

作り方

1 キャベツは5mm幅の細切り、にんじんはせん切りにする。塩をまぶしてもみ、10分ほどおいて水けをしぼる。

2 コーン缶は缶汁をきる。

3 ボウルにAを入れてよく混ぜ合わせ、1、2を加えてあえる。

塩もみしたらあとはほったらかし！

キャベツの浅漬け

材料(作りやすい分量)

キャベツ …… ½個(600g)
青じそ(せん切り) …… 5枚
塩 …… 約小さじ2

作り方

1 キャベツは4cm四方のざく切りにする。青じそは水にさらして水けをきる。

2 チャック付き保存袋に1のキャベツの半量、塩の半量を入れてなじませ、残りのキャベツと塩も入れてもみ混ぜる。

3 青じそも加えて軽くもみ混ぜ、袋の空気を抜いてとじ、冷蔵庫で20分以上おく。食べるときに軽く水けをきる。

これだけ覚えて！

浅漬けの塩の分量は野菜600gに約小さじ2、つまり野菜の重量の1.5〜2%が目安。覚えておくといろいろな野菜に応用できます。

〈キャベツ〉

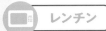
甘酸っぱさがたまらない！

手軽で**ボリューム満点！**

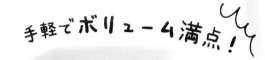

冷蔵 3日　冷凍 NG

キャベツが熱いうちにマリネ液にからめて

キャベツの粒マスタードマリネ

材料（作りやすい分量）

キャベツ …… ½個（600g）
A｜砂糖 …… 小さじ2
｜塩、こしょう …… 各少々
｜粒マスタード …… 大さじ3
｜酢 …… 大さじ2
｜オリーブオイル …… 大さじ2

作り方

1　キャベツは4cm四方のざく切りにする。

2　耐熱容器に1、水大さじ1（分量外）を入れ、ふんわりとラップをかけて電子レンジで6分加熱する。

3　ボウルにAを順に入れてよく混ぜ合わせる。2が熱いうちに水けをきって加えてあえる。粗熱がとれたら冷蔵庫で30分以上おく。

シンプルな味つけでごはんが進む！

かに風味無限キャベツ

材料（2人分）

キャベツ …… ¼個（300g）
かに風味かまぼこ …… 3本
A｜溶き卵 …… 1個分
｜鶏ガラスープの素 …… 大さじ½
B｜ごま油 …… 大さじ1
｜しょうゆ …… 小さじ1

作り方

1　キャベツは1cm幅の細切りにする。かに風味かまぼこは手でさく。

2　大きめの耐熱ボウルにAを入れて混ぜ、1のキャベツを加えてざっくりと混ぜる。ふんわりとラップをかけ、電子レンジで3分加熱する。

3　2が熱いうちにかに風味かまぼこ、Bを加えてあえる。

17

味わいは超リッチ！

無限に食べられちゃう〜！

バターとかつお節の名コンビが最高！

キャベツの
おかかバター炒め

材料(2人分)

キャベツ …… ¼個（300g）
バター …… 10g
しょうゆ …… 大さじ½
かつお節 …… 小1パック（2g）

作り方

1 キャベツはひと口大のざく切りにする。

2 フライパンにバターを中火で溶かし、1を広げて焼く。

3 全体に少し焼き色がついてしんなりしてきたら、しょうゆを加えて炒め、かつお節も加えてひと炒めする。

これだけ覚えて！

キャベツは少し焼いてから炒めてください。このほうが短時間で火が通るうえ、甘みが増しておいしく仕上がります。

包丁を使わず手でちぎっても OK！

焼き肉屋風うま塩キャベツ

材料(2人分)

キャベツ …… ¼個（300g）
ごま油 …… 大さじ1
A 鶏ガラスープの素、しょうゆ …… 各小さじ1
にんにく（すりおろし）…… 小さじ¼
焼きのり …… 適量

作り方

1 キャベツは4cm四方のざく切りにする。

2 ポリ袋に1を入れ、Aを加えて上下に10回ほどふり、全体になじませる。

3 器に2を盛り、ちぎった焼きのりをちらす。

〈キャベツ〉

レンチン　5分以内
切るだけ　5分以内

つけ合わせの**スタメン入り！**

キャベツとなら**罪悪感ナシ！**

あっさり味がシンプルで◎

キャベツの
コンソメオイルあえ

材料（2人分）

キャベツ …… ¼個（300g）

A|
顆粒コンソメスープの素 …… 小さじ2
砂糖、黒こしょう …… 各少々
オリーブオイル …… 大さじ1

作り方

1 キャベツはひと口大のざく切りにする。

2 耐熱容器に**1**、水大さじ1（分量外）を入れ、ふんわりとラップをかけて電子レンジで4分加熱し、水けをきる。

3 **2**が熱いうちに**A**を順に加えてよくあえる。

野菜が苦手な子どもにも大人気！

キャベツの
ポテトチップスサラダ

材料（2人分）

キャベツ …… ¼個（300g）
ポテトチップス（塩味などお好みのフレーバー） …… 9〜10枚

A|
マヨネーズ、牛乳 …… 各大さじ1
にんにく（すりおろし） …… 小さじ¼

作り方

1 キャベツはせん切りにし、水にさらして水けをきる。

2 器に**1**を盛り、手でくだいたポテトチップスをのせ、混ぜ合わせた**A**をかける。

これだけ覚えて！

キャベツのやわらかいほうを下、かたいほうを上にして耐熱容器に入れ、レンチンしてください。均一に火が通り、加熱ムラが防げます。

中途半端に残ったキャベツで！

焼くだけのごちそう副菜！

〈キャベツ〉

とろみをつけるとおいしさが増す！

キャベツとハムの中華炒め

材料（2人分）

キャベツ …… ⅙個（200g）
スライスハム …… 2枚
にんにく（みじん切り）…… ½かけ
ごま油 …… 大さじ1
A｜酒 …… 大さじ2
　｜鶏ガラスープの素 …… 小さじ1
水溶き片栗粉
　｜片栗粉 …… 小さじ1
　｜水 …… 大さじ1

作り方

1　キャベツは4〜5cm四方に切る。ハムは1cm幅に切る。

2　フライパンにごま油を中火で熱し、1のキャベツを入れて炒める。少ししんなりしてきたら、にんにく、ハムを加えて1〜2分炒め合わせる。

3　Aを加えて調味し、水溶き片栗粉を加えてとろみをつける。

火の通りは半生に仕上げるのが新鮮！

くし形切りキャベツのステーキ マヨしょうゆソース

材料（2人分）

キャベツ …… ¼個（300g）
サラダ油 …… 大さじ1
塩 …… 少々
A｜マヨネーズ …… 大さじ2
　｜しょうゆ …… 小さじ1
　｜ごま油 …… 大さじ½
　｜砂糖 …… 小さじ¼

作り方

1　キャベツは芯をつけたまま、2等分のくし形切りにする。

2　フライパンにサラダ油を強めの中火で熱し、1を2〜3分焼いてキャベツの断面に焼き色をつける。上下を返して全体に塩をふり、同様に焼く。

3　器に2を盛り、混ぜ合わせたAをかける。

おいしく食べきるコツ！

ひと株の場合はずっしりと重みがあり、葉先がとじていて葉脈が左右対称のものがみずみずしくておいしい。

旬

11〜2月

カットタイプは葉がぎっしり重なっていて、まっすぐ伸びているものが◎。切り口は黄色く、平らなものが新鮮。

冷蔵保存のコツ

芯に切り込みを入れるとおいしさ長持ち！

冷蔵
1週間

そのまま保存すると葉が生長をし続けて鮮度が落ちてしまいます。芯の根元に包丁で切り込みを入れ、ペーパータオルで包んでからポリ袋に入れ、冷蔵室で保存を。

冷凍保存のコツ

ざく切りで生のまま冷凍とろみ炒めやスープに

冷凍
1か月

1枚ずつ洗って水けをよくふき、ざく切りにします。使う分ずつラップで包み、チャック付き保存袋に入れ、空気を抜いて冷凍を。凍ったままとろみ炒めやスープに。

おいしい！調理のコツ

まるごと蒸し焼きで甘みたっぷり

白菜は使いきれずに中途半端に余ってしまうことも。油をひいたフライパンで白菜の断面に焼き色をつけたら、少量の酒をふってふたをして短時間の蒸し焼きにします。甘みが引き出され、塩、こしょうだけでおいしい！

蒸し焼きに

袋でかんたんに作れる！

酸味と辛みのベストバランス！

冷蔵
2週間

冷凍
NG

冷蔵
1週間

冷凍
NG

〈白菜〉

まろやかな辛みがやみつき！

お手軽白菜キムチ

材料（作りやすい分量）

白菜 …… ¼株（600g）
小ねぎ …… 5本
塩 …… 大さじ2

🅐
　にんにく（すりおろし）…… ½かけ
　しょうが（すりおろし）…… 1かけ
　塩麹 …… 大さじ2
　韓国粉唐辛子 …… 大さじ1
　はちみつ（または砂糖）…… 大さじ½
　いかの塩辛（市販・粗く刻む）…… 50g

作り方

1 白菜は葉と芯に分け、葉は大きめのざく切りにし、芯は短冊切りにする。ポリ袋に白菜と塩を交互に入れてもみ込み、できれば重しをして20分以上おく。

2 小ねぎは4cm長さに切る。

3 チャック付き保存袋に🅐を入れてよくもみ混ぜる。

4 **1**の白菜を2～3回洗って水けをよくしぼり、**3**に加えてもみ混ぜ、**2**も加えてもみ混ぜる。袋の空気を抜いてとじ、冷蔵庫で1日以上おく。

ごま油はジュッとするくらい温めて！

辣白菜
ラーバーツァイ

材料（作りやすい分量）

白菜 …… ¼株（600g）
赤唐辛子（小口切り）…… 1本
しょうが（みじん切り）…… 1かけ
塩 …… 大さじ½

🅐 酢、砂糖 …… 各大さじ2
ごま油 …… 大さじ1と½

作り方

1 白菜は葉と芯に分け、葉は大きめのざく切りにし、芯は細切りにする。ともに耐熱ボウルに入れ、塩を加えてもみ込み、10分おいて水けをよくしぼる。

2 **1**に混ぜ合わせた🅐を加えてよく混ぜ、赤唐辛子、しょうがをのせる。

3 小さめのフライパンにごま油を中火で熱し、熱くなってきたら**2**の赤唐辛子、しょうがめがけてかけ、全体にからめる。落としラップをして冷蔵庫で2時間以上おく。

何も考えずにできちゃう

ポン酢しょうゆでさっぱり！

冷蔵 1週間 ／ 冷凍 NG

冷蔵 3日 ／ 冷凍 NG

こってりおかずの相棒にぜひ！

白菜の浅漬けレモン風味

材料（作りやすい分量）

白菜 …… ¼株（600g）
塩 …… 約小さじ2
レモン汁 …… 小さじ1

作り方

1 白菜は葉と芯に分け、葉は大きめのざく切りにし、芯は細めの短冊切りにする。

2 チャック付き保存袋に1、塩、レモン汁を入れてもみ込み、袋の空気を抜いてとじ、冷蔵庫で2時間以上おく。食べるときに軽く水けをきる。

もっと知りたい！

レモン汁の代わりにレモンの薄切り、ゆずの果汁またはゆずの皮を細切りにして加えてもおいしい！

水けをしっかりしぼると味が決まる！

白菜の和風コールスロー

材料（4人分）

白菜 …… ¼株（600g）
スライスハム …… 3枚
塩 …… 小さじ½

A ┌ 砂糖 …… 小さじ1
　│ こしょう …… 少々
　│ ポン酢しょうゆ、すりごま（白） …… 各大さじ3
　└ オリーブオイル …… 大さじ2

作り方

1 白菜は葉と芯に分け、葉はざく切りにし、芯は細切りにする。ポリ袋に入れて塩を加えてもみ込み、10分おいて水けをよくしぼる。

2 ハムは半分に切ってから1cm幅に切る。

3 ボウルにAを順に入れてよく混ぜ合わせ、1と2を加えてあえる。

超スピード副菜！

ツナと明太子のうまうまコラボ

白菜のみずみずしさを堪能！

白菜のおかかポン酢サラダ

材料(2人分)

白菜 …… 2〜3枚(200g)

A
砂糖 …… 小さじ¼
ポン酢しょうゆ …… 大さじ1と½
ごま油 …… 大さじ1

かつお節 …… 小1パック(2g)

作り方

1 白菜は葉と芯に分け、葉は手で大きめにちぎり、芯はキッチンばさみで細切りにし、器に盛る。

2 ボウルにAを順に入れてよく混ぜ合わせ、1にかけてかつお節をかける。

無限白菜の豪華版！　白菜がモリモリ食べられる

ツナ明太無限白菜

材料(2人分)

白菜 …… ⅙株(400g)

ツナ油漬け缶 …… 1缶(70g)

辛子明太子 …… 小½腹(30g)

A
マヨネーズ …… 大さじ2
しょうゆ …… 小さじ1
こしょう …… 少々

作り方

1 白菜は葉と芯に分け、葉はざく切りにし、芯は細切りにする。耐熱ボウルに白菜の葉、芯の順に入れてふんわりとラップをかけ、電子レンジで5分加熱する。

2 ツナ缶は缶汁をきり、キッチンばさみで刻んだ明太子、Aと混ぜ合わせる。

3 1の粗熱がとれたら水けをよくしぼり、2とあえる。

これだけ覚えて！

白菜は水分が多い野菜なので、仕上がりが水っぽくならないように水けをしっかりしぼってから調味料とあえます。

〈白菜〉

レンチン

レンジ1発！で白菜とろとろ！

♪コンソメ風味がマッチ！

白菜の水分でジューシーに仕上げます

白菜と豚バラのくたくた煮

材料(2～3人分)

白菜 …… ⅙株(400g)
豚バラ薄切り肉 …… 150g

Ⓐ 酒、しょうゆ、オイスターソース …… 各大さじ1
　 鶏ガラスープの素 …… 大さじ½

作り方

1 白菜は葉と芯に分け、葉はひと口大のざく切りにし、芯はそぎ切りにする。豚肉は5cm幅に切る。

2 耐熱容器に白菜の葉、白菜の芯、豚肉の順に重ね入れる。Ⓐをまわしかけてふんわりとラップをかけ、電子レンジで10分加熱する。

3 取り出してよく混ぜる。

ベーコンのうまみが白菜に移って美味！

白菜とベーコンのバター蒸し

材料(2～3人分)

白菜 …… ⅙株(400g)
スライスベーコン …… 2枚
バター …… 10g

Ⓐ 顆粒コンソメスープの素 …… 小さじ1
　 塩、こしょう …… 各少々

作り方

1 白菜は葉と芯に分け、葉はひと口大のざく切りにし、芯はそぎ切りにする。ベーコンは3cm幅に切る。

2 耐熱容器に白菜の葉、ベーコン、白菜の芯の順に重ね入れる。Ⓐをふりかけてバターをちぎってのせ、ふんわりとラップをかけて電子レンジで5分加熱する。

3 取り出してよく混ぜる。

フライパン

フライパン　　5分以内

ちりめんじゃこがアクセント！

豆乳入りでやさしい味わい

うまみのあるあさりの缶汁も使います

白菜とあさり缶のクリーム煮

材料（2人分）

白菜 …… ⅙株（400g）
あさり水煮缶 …… 1缶（70g）
サラダ油 …… 大さじ½

A
酒 …… 大さじ1
鶏ガラスープの素 …… 大さじ½
しょうゆ …… 大さじ½
無調整豆乳 …… ¼カップ

塩、こしょう …… 各少々

水溶き片栗粉

片栗粉 …… 小さじ2
水 …… 小さじ2

作り方

1　白菜は縦半分に切り、葉は大きめのざく切りにし、芯はそぎ切りにする。

2　フライパンにサラダ油を中火で熱し、**1**を芯、葉の順に炒める。全体に油がまわったら、あさり缶を缶汁ごと加え、**A**も加えて弱めの中火で2～3分煮る。

3　塩、こしょうで味をととのえ、水溶き片栗粉でとろみをつける。

水分をとばしながら手早く炒めるのがコツ

白菜のじゃこ炒め

材料（2人分）

白菜 …… 2～3枚（200g）
ちりめんじゃこ …… 大さじ3
ごま油 …… 大さじ½

A
酒 …… 大さじ1
しょうゆ …… 大さじ½

作り方

1　白菜は1.5cm幅に切る。

2　フライパンにごま油を中火で熱し、**1**を炒める。

3　全体に油がまわったら、ちりめんじゃこを加えて1分ほど炒め、**A**を加えて汁けをとばしながら手早く炒める。

〈白菜〉

おいしく食べきるコツ！

旬 11〜3月

葉が肉厚で葉の裏まで緑色が濃く鮮やかなもの、葉先までピンとしているものが新鮮。葉脈が左右対称のもの、葉が密集しているものが◎。

茎は適度な太さでしっかりとハリがあるもの、根元は赤みが強いものを選んで。そのほうが甘くておいしい。

冷蔵保存のコツ

立てて保存すると
おいしさ長持ち！

冷蔵 1週間

寝かせて保存すると傷みやすいので、根元を湿らせたペーパータオルで包み、ポリ袋に入れたら、切ったペットボトルなどに立てて冷蔵室で保存を。

冷凍保存のコツ

かために塩ゆでが鉄則！
炒めものやみそ汁に

冷凍 1か月

かために塩ゆでしてから冷水にさらして水けをよくしぼり、ラップで包んで、チャック付き保存袋に入れ、空気を抜いて冷凍を。凍ったまま炒めものやみそ汁に使えます。

おいしい！調理のコツ

レンジを使えばアク抜きもラクチン

ほうれん草1把（200g）は洗って根元に十字に切り込みを入れ、ラップですっぽり包み、電子レンジで3分加熱します。葉と根元が交互になるように並べるとムラなく加熱できます。冷水にさらして冷めたら水けをしぼり、お好みの長さに切ります。

ラップですっぽり包む

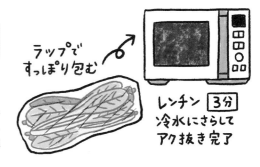

レンチン 3分
冷水にさらして
アク抜き完了

ほうれん草

★ごま油をちょい足し！

ごまたっぷりがおいしさのヒミツ！

冷蔵
3日　冷凍
NG

冷蔵
3日　冷凍
NG

ド定番だからこそコツをしっかり守って！

ほうれん草のみそごまあえ

材料（4人分）

ほうれん草 …… 2把（400g）

A
砂糖 …… 大さじ2
しょうゆ …… 大さじ1と½
みそ …… 大さじ½
水 …… 大さじ1
すりごま（白） …… 大さじ6

作り方

1 ほうれん草は根元に十字の切り込みを入れる。フライパンに湯（1ℓ・分量外）を沸かし、沸騰したら塩小さじ1（分量外）を入れ、ほうれん草を根元から先に入れ、30秒したら全体をしずめて30秒ゆでる。冷水にさらして水けをしぼり、4〜5cm長さに切る。

2 ボウルにAを入れてよく混ぜ合わせ、1の水けをもう一度しぼって加え、ほぐしながらあえる。

これだけ覚えて！

ほうれん草は合わせ調味料とあえる直前にもう一度水けをしぼって。時間がたっても水っぽくならず、味がぼやけません。

作っておくだけで安心の定番副菜

ほうれん草のおひたし

材料（4人分）

ほうれん草 …… 2把（400g）
みりん …… 大さじ1

A
だし汁 …… 1と½カップ
しょうゆ …… 大さじ1
塩 …… 少々
ごま油 …… 小さじ1
かつお節 …… 小1パック（2g）

作り方

1 耐熱容器にみりんを入れ、ラップをかけずに電子レンジで20秒加熱し、Aと混ぜておく。

2 ほうれん草は根元に十字の切り込みを入れる。フライパンに湯（1ℓ・分量外）を沸かし、沸騰したら塩小さじ1（分量外）を入れ、ほうれん草を根元から先に入れ、30秒したら全体をしずめて30秒ゆでる。冷水にさらして水けをしぼり、4〜5cm長さに切る。

3 2の水けをもう一度しぼって清潔な保存容器に入れ、1を注ぐ。食べるときにかつお節をかける。

〈ほうれん草〉

ほぐしながら
あえるのがコツ！

| 冷蔵 3日 | 冷凍 2週間 |

チーズで食べごたえバッチリ！

おかずにもおつまみにもなる

ほうれん草のナムル

材料（4人分）

ほうれん草 …… 2把（400g）

A
- 鶏ガラスープの素 …… 小さじ1
- 塩 …… 小さじ⅓
- しょうゆ …… 大さじ½
- ごま油 …… 大さじ1と½
- いりごま（白） …… 大さじ1

作り方

1 ほうれん草は根元に十字の切り込みを入れる。フライパンに湯（1ℓ・分量外）を沸かし、沸騰したら塩小さじ1（分量外）を入れ、ほうれん草を根元から先に入れ、30秒したら全体をしずめて30秒ゆでる。冷水にさらして水けをしぼり、4〜5cm長さに切る。

2 ボウルに A を入れてよく混ぜ合わせ、1 の水けをもう一度しぼって加え、ほぐしながらあえる。

もっと知りたい！

にんにくのすりおろしを小さじ1ほど加えたり、鶏ガラスープの素をダシダ（牛ダシ粉末）に替えるのもおすすめです。

パンにのせて食べてもおいしい！

ほうれん草の
とろとろチーズ炒め

材料（2人分）

ほうれん草 …… 1把（200g）
オリーブオイル …… 大さじ1
にんにく（みじん切り） …… ½かけ
塩 …… 小さじ¼
溶けるミックスチーズ（シュレッドタイプ） …… 50g

作り方

1 ほうれん草は根元を切り落とし、4cm長さに切る。水に2分ほどさらして水けをきる。

2 フライパンにオリーブオイル、にんにくを入れて中火で熱し、香りが出てきたら 1 を加えて炒める。

3 全体に油がまわったら塩をふり、溶けるチーズを加える。チーズが溶け始めてきたら混ぜ、火を止める。

フライパン

フライパン

ハンバーグのつけ合わせに♡

バターしょうゆがいい！

〈ほうれん草〉

王道レシピだけどやっぱり食べたい！

ほうれん草のベーコンソテー

材料(2人分)

ほうれん草 …… 1把(200g)
スライスベーコン …… 2枚
サラダ油 …… 大さじ½
バター …… 5g
しょうゆ …… 大さじ½

作り方

1 ほうれん草は根元を切り落とし、4cm長さに切る。水に2分ほどさらして水けをきる。

2 ベーコンは2cm幅に切る。

3 フライパンにサラダ油を中火で熱し、2を炒める。ベーコンが少しカリッとしてきたら、1を加えて炒め合わせ、バター、しょうゆで味をととのえる。

これだけ覚えて！

ゆでずにほうれん草を炒めるときは、お好みの長さに切ってから水に2分ほどさらすとアクが抜けておいしさがアップします。

子どもも喜ぶクリーミーな味わい

クリームスピナッチ

材料(2人分)

ほうれん草 …… 1把(200g)
バター …… 10g
薄力粉 …… 大さじ1
A┃牛乳、生クリーム …… 各¼カップ
　┃にんにく(すりおろし) …… ½かけ
　┃塩 …… 小さじ¼
　┃こしょう …… 少々

作り方

1 ほうれん草は根元を切り落とし、4cm長さに切る。水に2分ほどさらして水けをきる。

2 フライパンにバターを中火で熱し、1を加えて1分ほど炒める。薄力粉を加えて粉っぽさがなくなるまで炒める。

3 Aを加え、弱めの中火にしてときどき混ぜながら3〜4分煮る。

おいしく食べきるコツ！

小松菜・チンゲン菜

旬

小松菜
11〜3月

チンゲン菜
3〜5月／10〜11月

チンゲン菜の茎は切り口が白くてみずみずしく、長さは短くてハリがあるもの、根元は丸みを帯びているものが◎。葉は淡い緑色がおすすめ。

小松菜の葉は鮮やかな緑色で丸みを帯びていて、肉厚でやわらかいもの、葉先までピンとしているものがベスト。茎は根元が長いものが◎。

冷蔵保存のコツ

立てて保存すると
おいしさ長持ち！

冷蔵
1週間

寝かせて保存すると葉が傷みやすいので、根元を湿らせたペーパータオルで包みます。ポリ袋に入れたら、切ったペットボトルなどに立てて冷蔵室で保存を。

冷凍保存のコツ

ざく切りで生のまま冷凍
小松菜はおひたしやナムルに

冷凍
1か月

洗って水けをよくふき、生のままざく切りにしてからチャック付き保存袋に入れ、空気を抜いて冷凍。小松菜は冷蔵庫で解凍して水けをしぼれば、おひたしやナムルにも。

おいしい！調理のコツ

水に2〜3分つければおいしさアップ

小松菜、ほうれん草などの青菜は、調理する前に根元を少し切り、水を張ったボウルにお花を生けるイメージで2〜3分つけておきましょう。葉先まで十分に水分が行き渡るので、熱が均一に早く通り、みずみずしく仕上がります。

2〜3分
つける

作りおき　大量消費　／　作りおき　大量消費　切るだ

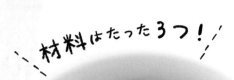

材料はたった3つ！

極上のシャキシャキ感！

| 冷蔵 3日 | 冷凍 2週間 |

| 冷蔵 4日 | 冷凍 NG |

塩昆布のうまみがごちそう！

小松菜の塩昆布ナムル

材料（4人分）

小松菜 …… 2把（400g）

A｜塩昆布 …… 20g
　｜ごま油 …… 大さじ1と½

作り方

1　小松菜は根元に十字の切り込みを入れる。フライパンに湯（1ℓ・分量外）を沸かし、沸騰したら塩小さじ1（分量外）を入れ、小松菜の根元から先に入れ、30秒したら全体をしずめて30秒ゆでる。冷水にさらして水けをしぼり、4㎝長さに切る。

2　ボウルにAを入れてよく混ぜ合わせ、1の水けをもう一度しぼって加え、ほぐしながらあえる。

野沢菜漬けや高菜漬けは買わずに作れる！

生小松菜のしょうゆ漬け

材料（作りやすい分量）

小松菜 …… 2把（400g）

A｜しょうゆ …… 大さじ3
　｜砂糖 …… 大さじ1と½
　｜赤唐辛子 …… 1本

作り方

1　小松菜はよく洗って水けをふき、4㎝長さに切る。

2　チャック付き保存袋に1を入れ、Aを加えてもみ混ぜ、袋の空気を抜いてとじ、冷蔵庫で半日以上おく。食べるときに水けを軽くしぼる。

〈小松菜・チンゲン菜〉

これだけ覚えて！

小松菜は水けをしぼったままあえると味ムラが出るので、ほぐしてから調味料とあえてください。味がまんべんなく行き渡ります。

作りおき 切るだけ

コーン入りで彩りアップ！

あっという間になくなる！

冷蔵
3日

冷凍
NG

冷蔵
3日

冷凍
NG

少し甘めの味つけで子どもでも食べやすい！

小松菜とツナのごまあえ

材料（4人分）

小松菜 …… 2把（400g）

ツナ油漬け缶 …… 1缶（70g）

ホールコーン缶 …… 大さじ3（45g）

A｜ 砂糖 …… 大さじ1
　｜ しょうゆ …… 大さじ1と½
　｜ すりごま（白）…… 大さじ3

作り方

1 小松菜は根元に十字の切り込みを入れる。フライパンに湯（1ℓ・分量外）を沸かし、沸騰したら塩小さじ1（分量外）を入れ、小松菜の根元から先に入れ、30秒したら全体をしずめて30秒ゆでる。冷水にさらして水けをしぼり、4cm長さに切る。

2 ツナ缶、コーン缶は缶汁をきる。

3 ボウルにAを入れてよく混ぜ合わせ、1の水けをもう一度しぼって加える。2も加えてほぐしながらあえる。

ちょっぴりのわさびで味がグッと引き締まる

生チンゲン菜の白だし浅漬け

材料（作りやすい分量）

チンゲン菜 …… 2株（200g）

A｜ 白だし …… 大さじ2
　｜ 練りわさび（チューブ）…… 2cm

作り方

1 チンゲン菜は葉と茎に分け、茎は縦4〜6等分に切る。

2 チャック付き保存袋に1、Aを入れてもみ込み、袋の空気を抜いてとじ、冷蔵庫で半日以上おく。食べるときに軽く水けをしぼる。

もっと知りたい！

チンゲン菜は水を張ったボウルの中で根元を広げて指でこすり洗いし、葉を下に向けて流水を当てながらふり洗いすると汚れが落ちます。

切るだけ　5分以内　　レンチン　5分以内

★火を使わないからラク!

生のおいしさにハマる!

味つけは塩と粉チーズでシンプルに!

生小松菜の粉チーズサラダ

材料(2人分)

小松菜 …… 1把(200g)
塩 …… 小さじ¼
A｜粉チーズ …… 大さじ1と½
　｜オリーブオイル …… 大さじ1
　｜粗びき黒こしょう …… 適量

作り方

1 小松菜はよく洗って水けをふき、4cm長さに切る。ボウルに入れ、塩をふってなじませ、2分おく。

2 1にAを加えてさっくりあえる。

もっと知りたい!

カリカリに焼いたベーコンやクルトン、温泉卵、ナッツなどをトッピングすれば、ボリューム満点のサラダに変身!

超かんたんでスープ代わりにもなる

小松菜とベーコンの
スープ煮

材料(2人分)

小松菜 …… 小1把(150g)
スライスベーコン …… 1枚
A｜水 …… 1カップ
　｜顆粒コンソメスープの素 …… 大さじ½
　｜塩、砂糖、こしょう …… 各少々
オリーブオイル …… 小さじ1

作り方

1 小松菜は4cm長さに切る。ベーコンは2cm幅に切る。

2 耐熱ボウルに小松菜、ベーコンの順に入れ、混ぜ合わせたAを注ぐ。ふんわりとラップをかけて電子レンジで3分加熱する。

3 器に2を盛り、オリーブオイルをまわしかける。

〈小松菜・チンゲン菜〉

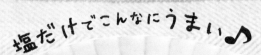
塩だけでこんなにうまい♪

ピリ辛のこっくりマヨ味！

お財布にやさしいボリューミーなひと皿

小松菜とちくわの コチュマヨ炒め

材料(2人分)

小松菜 …… 1把(200g)
ちくわ …… 2本
サラダ油 …… 小さじ2
塩、こしょう …… 各少々
A | マヨネーズ …… 大さじ2
　 | 酒 …… 大さじ1
　 | コチュジャン …… 大さじ½

作り方

1 小松菜は4cm長さに切る。ちくわは斜め薄切りにする。

2 フライパンにサラダ油を中火で熱し、1を入れて塩、こしょうをふって炒める。

3 小松菜がしんなりしてちくわに焼き色がついてきたら、混ぜ合わせたAを加えて炒め合わせる。

しょうが風味で驚きのおいしさ！

チンゲン菜のシンプル塩炒め

材料(2人分)

チンゲン菜 …… 2株(200g)
しょうが(粗みじん切り) …… ½かけ
ごま油 …… 小さじ2
A | 酒 …… 大さじ1
　 | 塩 …… 小さじ⅓
　 | こしょう …… 少々
水溶き片栗粉
片栗粉 …… 小さじ½
水 …… 大さじ1

作り方

1 チンゲン菜は葉と茎に分け、葉は長さを2～3等分に切り、茎は縦4～6等分に切る。

2 フライパンにごま油、しょうがを入れて中火に熱し、香りが出てきたら1の茎、葉の順に広げ入れ、へらで押しつけながら1～2分焼く。

3 少ししんなりしてきたら、Aで調味して全体にからめながら炒め、水溶き片栗粉でとろみをつける。

これだけ覚えて！

 チンゲン菜は少し焼きつけてから炒めて。短時間で火が通るうえ、水っぽくならずちょうどいいシャキシャキ感が残ります。

豪快に焼くだけ！

桜えびの香ばしさがたまらない！

葉と茎は時間差で炒めるのがコツ

チンゲン菜と桜えびの
ガーリック炒め

材料(2人分)

チンゲン菜 …… 2株(200g)
桜えび(乾燥) …… 5g
にんにく(粗みじん切り) …… ½かけ
ごま油 …… 大さじ1
酒 …… 大さじ1
A｜オイスターソース …… 大さじ½
　｜しょうゆ …… 小さじ1

作り方

1 チンゲン菜は葉と茎に分け、葉は長さを2〜3等
　分に切り、茎は縦4〜6等分に切る。

2 フライパンにごま油、にんにくを入れて中火で熱
　し、香りが出てきたらチンゲン菜の茎を入れて炒
　める。少ししんなりしてきたら、チンゲン菜の葉、
　桜えびを加えて炒め合わせる。

3 酒をふり入れ、Aで調味して全体にからめながら
　炒める。

材料1つでこのボリューム！

チンゲン菜のステーキ

材料(2人分)

チンゲン菜 …… 小2株(160g)
サラダ油 …… 大さじ1
A｜酒 …… 大さじ1
　｜塩、こしょう …… 各少々
バター …… 10g
しょうゆ …… 小さじ2

作り方

1 チンゲン菜は縦半分に切り、根元に切り込みを入
　れる。

2 フライパンにサラダ油を中火で熱し、1の切り口
　を下にして入れ、へらで押しつけながらこんがり
　と焼き色がつくまで焼く。裏返して同様に焼く。

3 Aをふり入れ、ふたをして2〜3分蒸し焼きにする。
　ふたを取り、バター、しょうゆを加えて全体にから
　める。

〈小松菜・チンゲン菜〉

生でも加熱してもおいしい！

水菜・春菊のレシピ

特別な下ごしらえはいらない水菜と春菊は時短おかずにぴったり！
どちらも生でも加熱してもおいしいので、たっぷり食べられるレシピをご紹介します。

根元から葉先までピンとハリがあるものが新鮮。湿らせたペーパータオルで根元を包んでからポリ袋に入れ、切ったペットボトルなどに立てて冷蔵室で保存を。冷凍する場合は、洗って水けをふき、食べやすい長さに切ってからチャック付き保存袋に葉と茎をざっくり分けて冷凍します。凍ったままスープや炒めものに使えます。

水菜

冷蔵
4〜5日

冷凍
1か月

袋漬け

冷蔵
4日

冷凍
NG

切ってもむだけ！

水菜と切り昆布の浅漬け

材料（作りやすい分量）

水菜 …… 1把（200g）
塩 …… 小さじ½
切り昆布（乾燥） …… 3g

作り方

1 水菜は根元を切り落とし、4〜5cm長さに切る。

2 チャック付き保存袋に**1**を入れ、塩、切り昆布を加えてもみ込み、袋の空気を抜いてとじ、冷蔵庫でひと晩おく。食べるときに水けを軽くしぼり、お好みでかつお節、しょうゆをかける。

ザーサイだれがおいしい！

水菜と厚揚げのザーサイサラダ

材料（2人分）

水菜 …… ½把（100g）
厚揚げ
　…… 小½枚（約75g）
サラダ油
　…… 小さじ1

A

酢 …… 大さじ1
オイスターソース …… 小さじ2
しょうゆ …… 大さじ½
砂糖 …… ふたつまみ
ごま油 …… 大さじ1と½
ザーサイ（粗みじん切り） …… 30g

作り方

1 水菜は4cm長さに切り、水にさらして水けをきる。厚揚げは6等分に切る。

2 フライパンにサラダ油を中火で熱し、**1**の厚揚げを並べ入れ、両面を2〜3分焼く。

3 器に**1**の水菜、**2**を盛り合わせ、混ぜ合わせた**A**をかける。

ボリューム
サラダ

あと1品ほしいときに！

水菜のおかかあえ

材料（2人分）

水菜 …… ¾把（150g）

A ┌ しょうゆ、ごま油 …… 各大さじ½
　├ 塩、こしょう …… 各少々
　└ かつお節 …… 小1パック（2g）

作り方

1 水菜は4〜5cm長さに切る。耐熱容器に入れてふんわりとラップをかけて電子レンジで2分加熱する。

2 1の水けをきり、Aを加えてあえる。

レンチン！

さっと煮るだけ！

水菜とウインナーのスープ

材料（2人分）

水菜 …… ¼把（50g）
ウインナー …… 3本

A ┌ 水 …… 2と¼カップ
　├ 顆粒コンソメスープの素 …… 小さじ2
　└ しょうゆ …… 小さじ1
粉チーズ …… 適量

作り方

1 水菜は4cm長さに切る。ウインナーは斜め薄切りにする。

2 鍋にA、ウインナーを入れて中火にかけ、煮立ったら水菜を加えてさっと煮る。

3 器に2を盛り、粉チーズをかける。

5分スープ

あっさりだけどうまみたっぷり！

水菜とツナの和風パスタ

材料（2人分）

水菜 …… ½把（100g）
ツナ油漬け缶 …… 1缶（70g）
スパゲッティ（7分ゆで） …… 160g
にんにく（みじん切り） …… 1かけ
オリーブオイル …… 大さじ1

A ┌ 水 …… 2と½カップ
　└ 塩 …… 小さじ⅓
めんつゆ（3倍濃縮） …… 大さじ1
粗びき黒こしょう …… 適量

作り方

1 水菜は4〜5cm長さに切る。

2 フライパンにオリーブオイル、にんにくを入れて中火で熱し、香りが出たらAを加える。沸騰したらスパゲッティを加えて弱めの中火にし、ふたをしてときどき混ぜながら表示時間より1分短めにゆでる。

3 ふたを取り、ツナ缶を缶汁ごと、めんつゆを加えて全体にからめ、1も加えて火を強めて混ぜながら汁けをとばす。器に盛り、粗びき黒こしょうをふる。

ワンパン！

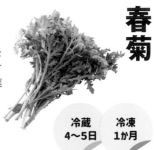

春菊

葉にハリがあり、茎はあまり太すぎないものが◎。湿らせたペーパータオルで根元を包んでからポリ袋に入れ、切ったペットボトルなどに立てて冷蔵室で保存を。冷凍する場合は、洗って水けをふき、食べやすい長さに切ってからチャック付き保存袋に葉と茎をざっくり分けて冷凍します。凍ったままスープや炒めものに使えます。

冷蔵
4〜5日

冷凍
1か月

レンチン！

コクのあるあえ衣がいい
春菊のくるみみそあえ

材料（2人分）

春菊 …… 1把(150g)
くるみ（素焼き・無塩）…… 30g
A　みそ …… 大さじ2
　　砂糖 …… 小さじ4
　　しょうゆ、水 …… 各小さじ2

作り方

1 春菊は洗って茎のかたい部分を切り落とし、4〜5cm長さに切る。耐熱容器に濡れたまま茎、葉の順に入れ、ふんわりとラップをかけて電子レンジで3分加熱する。冷水にとって水けをしぼる。

2 くるみは粗く刻む。耐熱容器に入れ、ラップをかけずに電子レンジで30秒加熱する。

3 ボウルにA、**2**を入れてよく混ぜ合わせ、**1**を加えてあえる。

フレッシュ春菊がクセになる！
生春菊のベーコンサラダ

材料（2人分）

春菊 …… 1把(150g)
スライスベーコン …… 2枚
A　酢、しょうゆ …… 各小さじ2
　　塩、こしょう …… 各少々
オリーブオイル …… 大さじ2

作り方

1 春菊は茎のかたい部分を切り落とす。葉は手で摘み、茎は4cm長さに切り、水にさらして水けをきる。

2 ボウルにAを入れて混ぜ合わせ、**1**を加えてあえて器に盛る。

3 ベーコンは2cm幅に切る。フライパンにオリーブオイルを中火で熱し、2分ほど焼く。**2**に油ごと入れ、全体にあえてから食べる。

しっとり
サラダ

切ってあえるだけ！

生春菊の韓国風サラダ

材料(2人分)

春菊 …… 1把(150g)

A
| コチュジャン …… 小さじ1
| 砂糖 …… 小さじ¼
| しょうゆ …… 小さじ2
| 酢 …… 大さじ1
| いりごま(白) …… 大さじ½
| ごま油 …… 大さじ1

韓国のり …… 適量

作り方

1 春菊は葉だけ摘み取り、水にさらして水けをよくきる。

2 ボウルにAを順に入れて混ぜ合わせ、1、ちぎった韓国のりを加えてあえる。

5分サラダ

おつまみにもぴったり！

春菊と油揚げのペペロンチーノ風

フライパン

材料(2人分)

春菊 …… 1把(150g)
油揚げ …… 1枚
にんにく(みじん切り) …… ½かけ
赤唐辛子(輪切り) …… ½本
オリーブオイル …… 大さじ1
塩、こしょう …… 各適量

作り方

1 春菊は茎のかたい部分を切り落とし、4cm長さに切る。油揚げは1cm幅に切る。

2 フライパンにオリーブオイル、にんにく、赤唐辛子を入れて中火にかけ、香りが出てきたら1の油揚げを炒める。

3 油揚げが少しカリッとしてきたら、春菊の茎、葉の順に加えて炒め合わせ、塩、こしょうで調味する。

おにぎりにしてもOK！

春菊の菜めし

材料(2~3人分)

春菊 …… ⅔把(100g)
ちりめんじゃこ …… 大さじ2
ごま油 …… 大さじ1

A
| しょうゆ …… 大さじ½
| 塩 …… 小さじ¼

いりごま(白) …… 大さじ½
温かいごはん …… 茶碗2~3杯分

作り方

1 春菊は1cm長さに切る。

2 フライパンにごま油を中火で熱し、ちりめんじゃこを入れて炒める。カリッとしてきたら1を加え、水分をとばしながら炒め合わせる。

3 Aを加えて調味し、全体に炒め合わせて火を止める。いりごまとともにごはんに加えて混ぜる。

混ぜごはん

旬
11〜3月

つぼみがかたく締まって中央がこんもりと盛り上がっているもの、ずっしりと重いものを選んで。全体が鮮やかな緑色で少し紫がかったものが甘くておいしい。

茎は切り口が茶色く変色していたり、穴があいていたり、「す」が入って乾燥しているものは避けて。

冷蔵保存のコツ

つぼみは傷みやすいのでペーパータオルで包んで

冷蔵
3〜4日

よく洗って水けをふき、ペーパータオルで包んでポリ袋に入れたら軽く袋の口をとじます。切ったペットボトルなどに茎を立てて入れ、チルド室なければ冷蔵室で保存を。

冷凍保存のコツ

かために塩ゆでして水けをよくふいて冷凍

冷凍
1か月

小房に分けてかために塩ゆでし、水けをよくふきます。冷めたらチャック付き保存袋に入れ、空気を抜いて冷凍を。解凍すればお弁当のすき間おかずにも◎。

おいしい！調理のコツ

蒸しゆでで栄養もおいしさもゲット

ブロッコリーは「小房に分けて少量の水と塩を加えてフライパンで蒸しゆで」がおすすめ。ビタミンの流出が少なくなり、ゆでるよりも水っぽくなく、味わいも濃く仕上がります。茎もかたい皮をむけば食べられます。

少量の水と塩を加えて

作りおき  大量消費  作りおき 大量消費

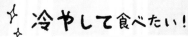 冷やして食べたい！

味つけは白だしにおまかせ！

冷蔵 3日　冷凍 NG

冷蔵 3日　冷凍 2週間

せん切りしょうが入りでさっぱり味

ブロッコリーの しょうがだしマリネ

材料（作りやすい分量）

ブロッコリー …… 大1株（300g）
しょうが（せん切り）…… 1かけ
A｜水 …… 大さじ3
　｜塩 …… 少々
B｜だし汁 …… 1と½カップ
　｜酒、みりん、しょうゆ …… 各大さじ1

作り方

1 耐熱容器にBの材料を入れ、ラップをかけずに電子レンジで2分加熱する。しょうがを加えて冷ましておく。

2 ブロッコリーは小房に分け、茎はかたい皮をむいて食べやすい大きさに切る。

3 フライパンに2とAを入れ、中火にかける。沸いてきたらふたをして弱めの中火で3〜4分蒸しゆでにする。粗熱がとれたら余分な水けをきり、1に加えて冷蔵庫で1時間以上おく。

あっさり味でどんな主菜にもマッチ

ブロッコリーの和風ナムル

材料（4人分）

ブロッコリー …… 大1株（300g）
A｜水 …… 大さじ3
　｜塩 …… 少々
B｜白だし …… 小さじ2
　｜ごま油 …… 大さじ1
　｜いりごま（黒）…… 大さじ½

作り方

1 ブロッコリーは小房に分け、茎はかたい皮をむいて食べやすい大きさに切る。

2 フライパンに1とAを入れ、中火にかける。沸いてきたらふたをして弱めの中火で3〜4分蒸しゆでにする。

3 ボウルにBを入れて混ぜ合わせ、1の粗熱がとれたら加えてあえる。

もっと知りたい！

小房に分けた後、茎に少し切り込みを入れてから加熱するとより火の通りが均一になります。時間があるときはぜひ、試してみて。

〈ブロッコリー〉

味が濃くておいしい♪

温泉卵でさらにおいしく！

焼き色をつけるとおいしさ倍増！

蒸し焼きブロッコリーの粉チーズがらめ

材料（2人分）

ブロッコリー …… 大½株（150g）
A
　水 …… 大さじ2
　塩 …… 小さじ¼
　オリーブオイル …… 大さじ1
粉チーズ …… 大さじ1と½

作り方

1　ブロッコリーは小房に分け、茎はかたい皮をむいて食べやすい大きさに切る。

2　フライパンに1、Aを入れて中火にかけ、沸いたらふたをして弱めの中火で3分蒸しゆでにする。ふたを取り、火を強めて水けをとばしながら少し焼き色がつくまで焼く。

3　器に2を盛り、粉チーズをかける。

水をまわしかけてレンチンするとしっとり！

ブロッコリーとウインナーのホットサラダ

材料（2人分）

ブロッコリー …… 大½株（150g）
ウインナー …… 3本
温泉卵 …… 1個
A
　マヨネーズ、牛乳 …… 各大さじ1
　塩麹 …… 大さじ½
　酢 …… 小さじ1
　にんにく（すりおろし） …… 小さじ¼
粗びき黒こしょう …… 適量

作り方

1　ブロッコリーは小房に分け、茎はかたい皮をむいて食べやすい大きさに切る。ウインナーは1cm幅の斜め切りにする。

2　耐熱皿に1を入れ、水大さじ1（分量外）をまわしかける。ふんわりとラップをかけ、電子レンジで3分加熱する。水けをきり、器に盛り合わせる。

3　混ぜ合わせたAをかけ、温泉卵をのせて粗びき黒こしょうをふる。

フライパン

レンチン

時間のかかる水きりは不要！

たんぱく質もしっかりとれる！

ナッツ入りで異なる食感が楽しい美肌サラダ

ブロッコリーの和風サラダ

材料（2人分）

ブロッコリー …… 大½株（150g）
アボカド …… 1個（180g）
サラダチキン（市販）…… 60g
ミックスナッツ（素焼き・無塩）…… 40g

A
水 …… 大さじ2
塩 …… 少々

B
しょうゆ …… 小さじ2
練りわさび（チューブ）…… 小さじ1
砂糖 …… ふたつまみ
塩 …… 少々
酢 …… 大さじ1
オリーブオイル …… 大さじ1

作り方

1 ブロッコリーは小房に分け、茎はかたい皮をむいて食べやすい大きさに切る。

2 フライパンに**1**、**A**を入れて中火にかけ、沸いたらふたをして弱めの中火で3〜4分蒸しゆでにする。水けをきり、手早く冷ます。

3 アボカドは種と皮を取り、サラダチキンとともに1cm角に切る。ミックスナッツは粗く刻む。

4 ボウルに**B**を順に入れてよく混ぜ合わせ、**2**、**3**を加えてあえる。

おいしいあえ衣で野菜がたっぷり食べられる

ブロッコリーの
クリーミー白あえ

材料（2人分）

ブロッコリー …… 大½株（150g）
絹ごし豆腐 …… ½丁（150g）

A
すりごま（白）…… 大さじ3
粉チーズ …… 大さじ1
しょうゆ、砂糖 …… 各小さじ1
塩 …… 小さじ¼

作り方

1 豆腐は粗くくずしてペーパータオルの上にのせ、5分おく。

2 ブロッコリーは小房に分け、茎はかたい皮をむいて食べやすい大きさに切る。

3 耐熱皿に**2**を入れて水大さじ1（分量外）をまわしかけ、ふんわりとラップをかけ、電子レンジで3分加熱し、粗熱をとる。

4 ボウルに水けをきった**1**、**A**を入れてよく混ぜ合わせ、**3**を加えてあえる。

おいしく食べきるコツ！

旬
11〜3月

ずっしりと重量感があり、つぼみが発色の
よい白色が良品。こんもりと丸く盛り上がっ
て締まっているのが新鮮な証拠。

つぼみのまわりについて
いる葉は、みずみずしく
てきれいな黄緑が◎。カッ
トされたものは黒ずみが
ないものを選んで。

冷蔵保存のコツ

ブロッコリーと同様に
茎を立てて保存して

冷蔵
3〜4日

よく洗って水けをふき、ペーパータオルで包んでポリ袋に
入れたら軽く袋の口をとじます。切ったペットボトルなどに
茎を立てて入れ、チルド室なければ冷蔵室で保存を。

冷凍保存のコツ

沸騰した湯に塩、酢を加えて
かためにゆでるのがコツ

冷凍
1か月

小房に分けたら塩、酢を加えてかためにゆで、水けをよく
ふきます。冷めたらチャック付き保存袋に入れ、空気を抜
いて冷凍を。凍ったまま炒めものやグラタン、スープに。

おいしい！調理のコツ

水の中でふり洗いしてから調理して

カリフラワーは花蕾（からい）と呼ばれるつぼみの部分に汚れや
ほこり、虫などがたまりやすいので、葉と茎を切り落としてから
小房に分け、水を張ったボウルに入れてふり洗いしてから調理
しましょう。

小房に分けて、水を張ったボウルへ

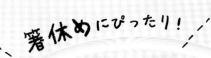

スプーンでパクパク食べて！

| 冷蔵 3日 | 冷凍 NG |

| 冷蔵 1週間 | 冷凍 NG |

みそ＆チーズで味わいアップ

カリフラワーの チョップドサラダ

材料（作りやすい分量）

カリフラワー …… 1株(400g)

A | マヨネーズ …… 大さじ3
粉チーズ、酢 …… 各大さじ1
みそ …… 大さじ½
塩、砂糖、こしょう …… 各少々

作り方

1 カリフラワーは小房に分ける。

2 フライパンに深さ2cmほど湯を沸かし、沸騰したら塩小さじ½、酢小さじ1（ともに分量外）を入れ、1を加えて4〜5分ゆで、水けをきる。粗熱がとれたら包丁で粗く刻む。

3 ボウルにAを入れてよく混ぜ合わせ、2を加えてあえる。

ほどよい酸味でとにかく食べやすい

カリフラワーの和風ピクルス

材料（作りやすい分量）

カリフラワー …… 1株(400g)

A | 酢、水 …… 各½カップ
白だし、砂糖 …… 各大さじ3
赤唐辛子（輪切り） …… 少々

作り方

1 鍋にAを入れて中火で煮立て、火を止める。粗熱がとれたら赤唐辛子を加える。

2 カリフラワーは小房に分ける。

3 フライパンに深さ2cmほど湯を沸かし、沸騰したら塩小さじ½、酢小さじ1（ともに分量外）を入れ、2を加えて4〜5分ゆで、水けをきる。1に加え、冷蔵庫でひと晩以上おく。

〈カリフラワー〉

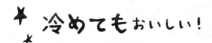 冷めてもおいしい！

コリコリした食感が新鮮！

冷蔵 4日　冷凍 2週間

和風だしがこんなにも合うなんて！

カリフラワーの和風煮

材料（4人分）

カリフラワー …… 小1株（300g）

A | だし汁 …… 2カップ
塩 …… 小さじ¼
みりん、しょうゆ …… 各大さじ1

作り方

1 カリフラワーは小房に分ける。

2 鍋にAを入れて中火にかけ、煮立ったら1を加え、ふたをして弱めの中火で3分煮る。火を止めてそのまま冷ます。

おもてなしでも大活躍しそう！

生カリフラワーと生ハムの サラダ

材料（2人分）

カリフラワー …… 小½株（150g）
生ハム …… 4枚（30g）

A | 砂糖、塩、はちみつ …… 各小さじ½
こしょう …… 少々
酢 …… 大さじ1と½
オリーブオイル …… 大さじ2

作り方

1 カリフラワーは小房に分け、7mm厚さの薄切りにする。

2 生ハムは食べやすい大きさに切る。

3 ボウルにAを順に入れてよく混ぜ合わせ、1、2、お好みでパセリのみじん切りを加えてあえる。

これだけ覚えて！

 余熱でも火が入るので、煮る時間は最小限に。長く煮すぎるとつぼみがぼろぼろにくずれてしまうので注意して。

スパイシーで食欲をそそる

生カリフラワーの魅力全開！

薄切りはスライサーを使うとラク！

生カリフラワーとほたての
カルパッチョ

材料（2人分）

カリフラワー …… 小⅓株（100g）
ほたて（刺身用）…… 30g

A
酢 …… 大さじ½
しょうゆ …… 大さじ1
にんにく（すりおろし）…… 少々
オリーブオイル …… 大さじ2と½

作り方

1 カリフラワーは小房に分け、ごく薄い薄切りにし、冷水に2分さらして水けをしっかりきる。

2 ほたては食べやすい厚さに切る。器に並べて **1** をのせる。

3 ボウルに **A** を順に入れてよく混ぜ合わせ、**2** にかける。

これだけ覚えて！

薄くスライスしたら冷水に2分ほどさらしてください。コリコリした歯ごたえになり、味わいがランクアップします。

フライパンで蒸し焼きにすれば別ゆで不要！

カリフラワーの
カレーケチャ炒め

材料（2人分）

カリフラワー …… 小½株（150g）
にんにく（みじん切り）…… ½かけ
オリーブオイル …… 大さじ1

A
カレー粉 …… 小さじ1
トマトケチャップ …… 大さじ½
塩、こしょう …… 各少々

作り方

1 カリフラワーは小房に分け、縦半分に切る。

2 フライパンにオリーブオイルを中火で熱し、**1** を炒める。全体に油がまわったら、にんにくを加えてさっと炒め、水大さじ3（分量外）を加えてふたをし、弱めの中火で2〜3分蒸し焼きにする。

3 **A** を加えて全体にからめ、汁けをとばしながら炒め合わせる。

おいしく食べきるコツ！

旬

1年中／新玉ねぎ 3〜5月

新玉ねぎは水分が多いが、皮がぶよぶよしているものはNG。ずっしりと重みがあり、引き締まっているものが良品。

なるべく球体に近く、持ったときにずっしりと重くてかたいものが◎。皮の表面の色が濃くてツヤがあり、皮自体がパリッとよく乾燥しているものを選んで。

常温保存のコツ

かごに入れて風通しのよい冷暗所で保存

常温
1〜2か月

湿気を嫌うのでかごに入れたり、ネットでつるすなどして風通しのよい冷暗所で常温保存を。暑い時期はペーパータオルで包んでポリ袋に入れ、野菜室で保存します。

冷凍保存のコツ

みじん切り、薄切りなどにして生のまま冷凍

冷凍
1か月

みじん切りや薄切りにして水けをふき、ラップで包み、チャック付き保存袋に入れ、空気を抜いて冷凍を。凍ったまま調理できて、あめ色玉ねぎも短時間で作れます。

おいしい！調理のコツ

酢水にさらせば栄養も逃さない

玉ねぎの辛み抜きをするために水にさらしすぎると、せっかくの栄養分が水に流れ出てしまいます。水よりも酢水がおすすめ。薄切りの玉ねぎ1/2個なら、酢大さじ1/2、ひたひたの水をボウルに入れて5〜10分さらします。

ひたひたの水

酢 大さじ1/2

かんたんすぎてびっくり!

寝かせるほどおいしくなる♪

冷蔵 3日　冷凍 NG

冷蔵 4日　冷凍 NG

あるとうれしい定番マリネ

玉ねぎとハムのマリネ

材料(4人分)

玉ねぎ …… 2個(400g)
スライスハム …… 4枚

A
砂糖 …… 小さじ½
塩 …… 小さじ½
こしょう …… 少々
酢 …… 大さじ2
オリーブオイル …… 大さじ4

作り方

1 玉ねぎは縦半分に切り、繊維と垂直に薄切りにする。酢水(ひたひたの水、酢大さじ1・ともに分量外)に5〜10分さらして水けをきる。

2 ハムは8等分の放射状に切る。

3 ボウルにAを順に入れてよく混ぜ合わせ、1を加えて軽くもみ混ぜる。ハムを加えてざっとあえる。

これだけ覚えて!

マリネ液は砂糖や塩、こしょうに酢を加えてよく溶かしてから最後にオイルをゆっくりと加え、全体が白っぽくなるまでかき混ぜてください。

鶏ガラスープでさっと煮るだけ

玉ねぎの中華スープ煮

材料(4人分)

玉ねぎ …… 2個(400g)

A
水 …… 1と½カップ
鶏ガラスープの素 …… 大さじ1

作り方

1 玉ねぎは4〜6等分のくし形切りに切る。

2 鍋にA、1を入れて中火にかけ、煮立ったら弱めの中火で5〜6分煮る。火を止めてそのまま冷ます。

〈玉ねぎ〉

レンチン

甘くてとろとろ！

切るだけ

みずみずしさを味わって

丸ごと1個ペロリ食べられちゃう！

丸ごと玉ねぎのベーコン蒸し

材料(2人分)

玉ねぎ …… 小2個(300g)
スライスベーコン …… 2枚
酒 …… 大さじ1
バター …… 10g
しょうゆ …… 大さじ½

作り方

1 玉ねぎは上下を少し切り落とし、上部½くらいまで十字に切り込みを入れる。ベーコンは1cm四方に切る。

2 耐熱皿に **1** の玉ねぎをのせて酒をふり、バター、ベーコンをのせる。ふんわりとラップをかけて電子レンジで12〜14分加熱する。

3 器に **2** を盛り、しょうゆをかけてお好みでパセリのみじん切りをちらす。

新玉ねぎで作ってもOK！

スライス玉ねぎの
おかかサラダ

材料(2人分)

玉ねぎ …… 1個(200g)
かつお節 …… 小1パック(2g)
しょうゆ …… 適量

作り方

1 玉ねぎは縦半分に切り、繊維と垂直に薄切りにする。酢水(ひたひたの水、酢大さじ½・ともに分量外)に5〜10分さらして水けをきる。

2 器に **2** を盛り、かつお節をのせ、しょうゆをかける。

お箸が止まらない！

短時間なのにコクうま！

さば缶や鮭缶でもおいしく作れます

ツナと玉ねぎの無限サラダ

材料（2人分）

玉ねぎ …… 1個（200g）

ツナ油漬け缶 …… 1缶（70g）

A｜マヨネーズ …… 大さじ1と½
　｜しょうゆ …… 小さじ1
　｜砂糖 …… 小さじ½

青のり粉 …… 少々

作り方

1 玉ねぎは縦半分に切り、繊維と垂直に薄切りにする。酢水（ひたひたの水、酢大さじ½・ともに分量外）に5〜10分さらして水けをきる。

2 ツナ缶は缶汁をきる。

3 ボウルにAを入れて混ぜ合わせ、1、2を加えてあえる。器に盛り、青のり粉をかける。

ウスターソースの力を借りて

オニオングラタン風スープ

材料（2人分）

玉ねぎ …… 1個（200g）

塩 …… 少々

バター …… 10g

A｜ウスターソース、しょうゆ …… 各小さじ1
　｜薄力粉 …… 小さじ2

B｜水 …… 350mℓ
　｜顆粒コンソメスープの素 …… 大さじ½

溶けるチーズ（生食タイプ） …… 適量

作り方

1 玉ねぎは縦半分に切り、繊維と垂直に薄切りにする。耐熱皿に並べて塩をふり、ラップをかけずに電子レンジで3分加熱する。

2 フライパンにバターを中火で溶かし、1、Aを入れて3〜4分炒める。Bを加えて煮立ったら、2〜3分煮る。

3 器に2を盛り、溶けるチーズ、お好みで角切りのバゲットをのせ、パセリのみじん切りをちらす。

チーズ風味でサックサク!

蒸し焼きで甘みが増す!

衣を2度づけするのがコツ

オニオンリングフライ

材料(2人分)

玉ねぎ …… 1個(200g)
A | 牛乳 …… 大さじ3
　| 顆粒コンソメスープの素 …… 小さじ1
　| 粉チーズ …… 大さじ1
薄力粉 …… 大さじ4
サラダ油 …… 適量

作り方

1 玉ねぎは1cm厚さの輪切りにする。

2 1に混ぜ合わせたAをからめ、まんべんなく薄力粉をつける。これを2回繰り返す。

3 フライパンに深さ2cmまでサラダ油を注いで中火で170℃に熱し、2をこんがりと色づくまで2〜3分揚げ、油をよくきる。

玉ねぎの甘みとたれが好相性

輪切り玉ねぎのステーキ

材料(2人分)

玉ねぎ …… 1個(200g)
サラダ油 …… 大さじ½
塩、こしょう …… 各適量
酒 …… 大さじ1
バター …… 5g
A | しょうゆ、みりん …… 各大さじ1
　| にんにく(すりおろし) …… 少々

作り方

1 玉ねぎは1.5cm厚さの輪切りにする。

2 フライパンにサラダ油を弱めの中火で熱し、1を入れて塩、こしょうをし、両面に焼き色がつくまで焼く。酒を加え、弱火で4〜5分蒸し焼きにし、器に盛る。

3 2のフライパンをさっとふく。バターを加えて中火で溶かし、混ぜ合わせたAを加えてとろみがついたら、2にかける。

もちもちで絶品!

やる気がなくてもすぐできる!

子どもにも大人にも愛される

玉ねぎとハムのガレット

材料(2人分)

玉ねぎ …… 大1個(300g)

スライスハム …… 4枚

A｜溶けるチーズ(シュレッドタイプ) …… 70g

A｜片栗粉 …… 大さじ4

A｜牛乳 …… 大さじ2

A｜塩、こしょう …… 各適量

サラダ油 …… 大さじ3

作り方

1 玉ねぎ、ハムは1cm四方に切る。

2 ボウルに1、Aを入れてよく混ぜ合わせる。

3 フライパンにサラダ油を中火で熱し、2を丸く流し入れる。3〜4分焼いて焼き色がついたら裏返し、さらに2〜3分焼く。器に盛り、食べやすい大きさに切り分ける。

おつまみにもおすすめ!

玉ねぎのコンビーフ炒め

材料(2人分)

玉ねぎ …… 1個(200g)

コンビーフ缶 …… ½缶(40g)

オリーブオイル …… 小さじ2

A｜カレー粉 …… 小さじ½

A｜しょうゆ …… 大さじ½

A｜塩、こしょう …… 各少々

作り方

1 玉ねぎは1cm幅のくし形切りにし、バラバラにほぐす。コンビーフは粗くほぐす。

2 フライパンにオリーブオイルを中火で熱し、1の玉ねぎを炒める。しんなりしてきたら、コンビーフを加えて1〜2分炒め合わせる。

3 Aを加えて全体にからめながら炒める。

〈玉ねぎ〉

おいしく食べきるコツ！

小ねぎは鮮やかな緑色で葉先までピンとしているものが◎。しおれた部分が混ざっていないかチェックを。根は白くて乾燥していないものが新鮮。

旬

長ねぎ
11〜2月

小ねぎ
1年中

長ねぎは太さが均一でまっすぐなもの、白い部分と緑の部分の境目がはっきりしているものが良品。弾力がなく、巻きがふかふかしているのはNG。

冷蔵保存のコツ

長ねぎは立てて保存 小ねぎは乾燥を防ぐ工夫を

冷蔵
1週間

長ねぎは白い部分と緑の部分に分け、ラップで包んでから切ったペットボトルなどに立てて保存を。小ねぎは4等分に切り、湿らせたペーパータオルで包んで保存袋に入れます。

冷凍保存のコツ

ペーパータオルを敷いた 保存容器に入れるのが◎

冷凍
1か月

小ねぎは洗って水けをよくふいて小口切りにし、ペーパータオルを敷いた保存容器に入れ、ふたをして冷凍を。これなら冷凍してもパラパラの状態をキープできます。

おいしい！調理のコツ

最後までちらばらずに切れる！

小ねぎを小口切りにする場合、輪ゴムを使って切りやすい本数ずつまとめて切ります。端から小口切りにして輪ゴムの近くまできたら、輪ゴムをずらしてさらに切ります。切る前にまな板や包丁の水けをふき取るのも忘れずに。

作りおき ／ 大量消費　作りおき ／ 大量消費

梅風味でさっぱり！

切って漬けるだけ！

冷蔵
3日　冷凍
NG

冷蔵
1週間　冷凍
NG

長ねぎは香ばしくじっくり焼いて

焼き長ねぎの梅マリネ

材料(4人分)

長ねぎ …… 3本(300g)
梅干し …… 2個
サラダ油 …… 小さじ2
酒 …… 大さじ1

A
砂糖 …… 大さじ½〜1
酢 …… 大さじ2
塩、こしょう …… 各少々
オリーブオイル …… 大さじ3

作り方

1 梅干しは種を取って包丁でたたき、Aと混ぜ合わせおく。

2 長ねぎは5cm長さに切り、楊枝で刺して数か所穴をあける。

3 フライパンにサラダ油を中火で熱し、2を転がしながら焼く。全体に焼き色がついてきたら酒をふり、ふたをして弱めの中火で3〜4分蒸し焼きにする。熱いうちに1に加えてなじませる。粗熱がとれたら、冷蔵庫で2時間以上おく。

万能だれがかんたんに作れる！

小ねぎのしょうゆごま油漬け

材料(作りやすい分量)

小ねぎ …… 1把(100g)

A
酒 …… ¼カップ
みりん、しょうゆ …… 各½カップ
砂糖 …… 小さじ½
ごま油 …… 大さじ3

作り方

1 小鍋にAを入れて中火で煮立たせ、冷ましておく。

2 小ねぎは小口切りにし、清潔な保存容器に入れる。

3 1とごま油を混ぜてから2に注ぐ。

もっと知りたい！

焼いた肉や魚のソースにしたり、ごはんや冷ややっこにかけたり、ぶっかけうどんやそばのつゆにしたりなど使いみちはいろいろ。

〈 長ねぎ・小ねぎ 〉

作りおき　大量消費

甘くてとろ～り♪

冷蔵
4日

冷凍
NG

大量消費　レンチン　5分以内

ねぎの辛みが後を引く

残ったオイルはパンにつけて食べて！

長ねぎのとろとろオイル煮

材料(4人分)

長ねぎ …… 3本(300g)
にんにく …… 2かけ
A オリーブオイル、水 …… 各½カップ
　塩 …… 小さじ1
レモン汁 …… 大さじ½

作り方

1　長ねぎは6cm長さに切る。にんにくは半割りにして包丁の背で押しつぶす。

2　鍋に**A**を入れて混ぜてから**1**を加える。中火にかけ、煮立ったら弱火にしてふたをし、20分蒸し煮にする。

3　火を止めてレモン汁を加えてなじませる。

これだけ覚えて！

この料理は火加減に注意すること。低温でじっくり蒸し煮にすれば、長ねぎの辛みが甘みに変わり、食感もとろとろになります。

考えなくてもできる超スピード副菜

小ねぎのナムル

材料(2人分)

小ねぎ …… 1把(100g)
A めんつゆ(3倍濃縮) …… 小さじ4
　すりごま(白)、ごま油 …… 各大さじ1

作り方

1　小ねぎは4～5cm長さに切る。

2　耐熱容器に**1**を入れ、ふんわりとラップをかけて電子レンジで1分加熱する。

3　**2**に**A**を加えてあえる。

切るだけ

ビールが進んじゃう！

レンチン　5分以内

ごはんにのっけても◎

ハムの代わりに焼き豚でもおいしい！

せん切り長ねぎとハムの中華あえ

材料(2人分)

長ねぎ …… 1本(100g)
かいわれ大根 …… 1パック(50g)
スライスハム …… 4枚
塩 …… 少々
Ⓐ | 酢 …… 小さじ½
　 | しょうゆ、ごま油 …… 各大さじ½

作り方

1 長ねぎは5〜6cm長さのせん切りにし、塩をふってもみ込み、冷水に3〜5分さらして水けをきる。

2 かいわれ大根は根元を切り落とし、長さを半分に切る。ハムはせん切りにする。

3 ボウルにⒶを入れて混ぜ合わせ、1、2を加えてあえる。

レンチンで甘みを引き出します

ツナと塩昆布の無限ねぎ

材料(2人分)

長ねぎ …… 1本(100g)
ツナ油漬け缶 …… 1缶(70g)
ごま油 …… 小さじ1
Ⓐ | 鶏ガラスープの素 …… 小さじ1
　 | 塩昆布 …… 4g

作り方

1 長ねぎは5mm幅の斜め切りにする。ツナ缶は缶汁をきる。

2 耐熱容器に1の長ねぎをほぐしながら入れ、ごま油をまわしかける。ふんわりとラップをかけて電子レンジで2分加熱する。

3 2に1のツナ、Ⓐを加えてあえる。

〈長ねぎ・小ねぎ〉

おいしく食べきるコツ！

葉先までピンとしていてハリがあり、しおれていないものがベスト。葉は肉厚で太い部分が1cmくらいのものが味が濃くて美味。

旬
3〜5月

切り口がみずみずしくて、乾燥していないものが新鮮。中身が芯のように出ているものは鮮度が落ちているので注意して。

冷蔵保存のコツ

根元を湿らせるとおいしさ長持ち！

冷蔵
4〜5日

根元を湿らせたペーパータオルで包み、ポリ袋に入れて冷蔵室で保存します。こうすると根元から水分を吸って鮮度が長持ちします。

冷凍保存のコツ

生のまま冷凍してOK炒めものやスープに

冷凍
1か月

洗ってよく水けをふき、生のまま4〜5cm長さに切ります。使う分ずつラップで包み、チャック付き保存袋に入れ、空気を抜いて冷凍を。凍ったまま炒めものやスープに。

おいしい！調理のコツ

にらの根元は甘くて栄養の宝庫

にらの根元を捨てていませんか？ 根元は葉に比べると糖度が高く、疲労回復効果のあるアリシンもたっぷり含まれています。かたさが気になる場合、同じ長さに切ってから根元だけ縦半分に切って加熱すれば、火の通りが均一になります。

甘くておいしい

アリシンもたっぷり

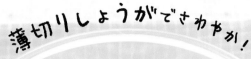

薄切りしょうがでさわやか！

冷蔵
3日

冷凍
NG

至高のチーズに変身！

冷蔵
3日

冷凍
NG

くせがなく、ほんのり甘くて美味

にらのさっぱりおひたし

材料(4人分)

にら …… 2把(200g)

Ａ
- だし汁 …… ¾カップ
- しょうが(薄切り) …… 1かけ
- しょうゆ …… 小さじ2
- 塩 …… 小さじ¼
- 砂糖 …… ふたつまみ

作り方

1 にらは4cm長さに切る。

2 耐熱容器に 1 を入れ、ふんわりとラップをかけて電子レンジで3分加熱する。

3 2 の粗熱がとれたら水けをしぼり、混ぜ合わせた Ａ に加えて冷蔵庫で2時間以上おく。

お酒好きに愛されること間違いなし！

チーズのにらじょうゆ漬け

材料(作りやすい分量)

にら …… ½把(50g)
プロセスチーズ(個包装タイプ) …… 6個
Ａ｜ めんつゆ(3倍濃縮)、水 …… 各½カップ

作り方

1 にらは5mm幅に刻む。

2 保存容器に 1 と Ａ を合わせ、プロセスチーズを加えて冷蔵庫で半日以上おく。

もっと知りたい！

プロセスチーズの代わりに温泉卵、水きりした木綿豆腐を漬けるのもおすすめ。漬けだれはチャーハンに使えます。

 〈にら〉

風味が豊かなひと皿

元気が出るパワー副菜☆

主菜が魚の献立のときにおすすめ

にらとサラダチキンの
ナムル

材料(2人分)

にら …… 1把(100g)
サラダチキン(市販) …… 30g
A ┌ ごま油 …… 大さじ1
　　├ しょうゆ …… 小さじ2
　　├ いりごま(白) … 大さじ½
　　└ 塩 …… 少々

作り方

1. にらは4cm長さに切る。耐熱容器に入れてふんわりとラップをかけ、電子レンジで2分加熱する。

2. サラダチキンは手で細かくさく。

3. 1の水けをきり、2、Aを加えてあえる。

余ったキムチでパパッと作れる

にらのキムチチーズあえ

材料(2人分)

にら …… 1把(100g)
白菜キムチ …… 80g
さけるチーズ(プレーン) …… 1本
A ┃ しょうゆ、ごま油 …… 各大さじ½

作り方

1. にらは4cm長さに切る。さけるチーズは手で細かくさく。

2. 耐熱容器に1のにら、白菜キムチ、Aを入れて軽く混ぜる。ふんわりとラップをかけ、電子レンジで1分30秒加熱する。

3. 2に1のさけるチーズを加えてあえる。

肉ナシでも十分そそられる！

鉄板の組み合わせ

しらたきは水分をとばしながら炒めるのがコツ

にらとしらたきの
チャプチェ風

材料（2人分）

にら …… 1把（100g）

しらたき（アク抜き済み）…… 1パック（150g）

A

焼き肉のたれ …… 大さじ1
しょうゆ …… 小さじ2
ごま油 …… 大さじ½

いりごま（白）…… 大さじ½

作り方

1 にらは4cm長さに切る。しらたきはさっと洗って水けをきり、食べやすい長さに切る。

2 フライパンを中火で熱し、**1**のしらたきを入れて水分がとぶまでから炒りする。

3 にら、**A**を加えてにらが少ししんなりするまで炒め、火を止めていりごまを混ぜる。

にらも卵も「さっと炒め」が大事

にら玉

材料（2人分）

にら …… 1把（100g）

A

卵 …… 2個
塩、こしょう …… 各少々

サラダ油 …… 大さじ1

B

水 …… 大さじ1
しょうゆ …… 大さじ½
オイスターソース …… 小さじ1

作り方

1 にらは4cm長さに切る。**A**はよく混ぜ合わせる。

2 フライパンにサラダ油を中火で熱し、**1**のにらを30秒炒める。フライパンにすき間を作り、**B**を加えて煮立ったら全体にさっとからめる。

3 フライパンの中央を開け、**1**の卵液を加える。卵液が少しかたまってきたら大きくかき混ぜて炒め合わせ、火を止める。

〈にら〉

おいしく食べきるコツ！

旬
4〜6月

濃い緑色で穂先がキュッと締まっていて、ふっくらしたものが良品。根元までハリがあり、できればまっすぐ伸びたものを選んで。

切り口はみずみずしいものが新鮮。乾燥していて「す」が入っているもの、とろっと水っぽいものは避けて。

冷蔵保存のコツ

立てて保存すると
おいしさ長持ち！

冷蔵
1週間

乾燥を防いでみずみずしさを保つため、根元を湿らせたペーパータオルで包んでからポリ袋に入れ、切ったペットボトルなどに立てて冷蔵室で保存をします。

冷凍保存のコツ

3cm長さに切ってから
さっと塩ゆでして冷凍

冷凍
3週間

3cm長さに切り、さっと塩ゆでします。冷水にとり、水けをよくふいて使う分ずつラップで包み、チャック付き保存袋に入れ、空気を抜いて冷凍を。凍ったまま炒めものやスープに。

おいしい！調理のコツ

曲がらない部分の皮はむいて

根元1cmは乾いていたり汚れが付着していたりするので、まずは切り落とします。次に茎をしならせて、曲がらない部分より下（根元から4〜5cm）の皮をピーラーで厚めにむきましょう。まな板に置いて押さえるとむきやすくなります。

ここより
下の皮

ピーラーで
厚めに皮をむく

作りおき 大量消費

作ってもすぐ完売

★ 超かんたんマリネ

作りおき 大量消費

冷蔵 2〜3日 / 冷凍 NG

冷蔵 3日 / 冷凍 NG

塩昆布の力でうまみ倍増！

アスパラの塩昆布浅漬け

材料（4人分）

アスパラガス …… 8〜10本（200g）

A 塩昆布 …… 8g
しょうゆ …… 小さじ1

作り方

1 アスパラガスは根元を少し切り落とし、かたい部分の皮をピーラーでむき、半分の長さに切る。

2 フライパンに湯（1ℓ・分量外）を沸かし、沸騰したら塩小さじ1（分量外）を加えて **1** を30秒ほどゆでる。冷水にとり、水けをよくふく。

3 チャック付き保存袋に **2**、**A** を入れてなじませ、袋の空気を抜いてとじ、冷蔵庫で3時間以上おく。

和風だしがしみて絶品

アスパラのだしマリネ

材料（作りやすい分量）

アスパラガス …… 8〜10本（200g）

A だし汁 …… 1カップ
しょうゆ …… 大さじ½
塩 …… 小さじ¼

作り方

1 アスパラガスは根元を少し切り落とし、かたい部分の皮をピーラーでむき、3等分の長さに切る。

2 フライパンに湯（1ℓ・分量外）を沸かし、沸騰したら塩小さじ1（分量外）を加えて **1** を1分30秒ゆでる。冷水にとり、水けをよくふく。

3 清潔な保存容器に **A** を入れて混ぜ、**2** を加えて冷蔵庫で2時間以上おく。

〈アスパラガス〉

これだけ覚えて！

 余熱でも火が入るのでさっとゆでるのが最大のコツ。これさえ守れば、みずみずしくてシャキシャキの浅漬けになります。

火を使わない！

思い立ったら すぐできちゃう♪

練り辛子で味が引き締まる

アスパラのみそマヨあえ

材料（2人分）

アスパラガス …… 4〜5本（100g）

A
マヨネーズ …… 大さじ1
みそ …… 大さじ½
練り辛子（チューブ） …… 少々

作り方

1 アスパラガスは根元を少し切り落とし、かたい部分の皮をピーラーでむく。半分の長さに切ってから縦3〜4等分に切る。

2 1をさっと水にくぐらせてからふんわりとラップで包み、耐熱皿にのせて電子レンジで2分加熱する。ラップをはずして粗熱をとる。

3 ボウルにAを入れて混ぜ合わせ、水けをきった2を加えてあえる。

梅の酸味とかつお節の風味がマッチ！

アスパラの梅おかかあえ

材料（2人分）

アスパラガス …… 4〜5本（100g）

A
梅干し（種を取って包丁でたたく） …… 1個
しょうゆ、砂糖 …… 各小さじ½
かつお節 …… 小1パック（2g）

作り方

1 アスパラガスは根元を少し切り落とし、かたい部分の皮をピーラーでむき、斜め3〜4等分の長さに切る。

2 1をさっと水にくぐらせてからふんわりとラップで包み、耐熱皿にのせて電子レンジで2分加熱する。ラップをはずして粗熱をとる。

3 ボウルにAを入れて混ぜ合わせ、水けをきった2を加えてあえる。

シャキッとジューシー

レンジでラクラク♪

バターは仕上げに加えて風味よく

アスパラのシンプルソテー

材料(2人分)

アスパラガス …… 4〜5本(100g)
オリーブオイル …… 大さじ½
バター …… 5g
塩、こしょう …… 各適量

作り方

1 アスパラガスは根元を少し切り落とし、かたい部分の皮をピーラーでむく(大きければ半分の長さに切る)。

2 フライパンにオリーブオイルを中火で熱し、**1**を入れて1〜2分焼く。焼き色がついたら上下を返し、さらに1〜2分焼く。

3 バターを加えて溶かし、塩、こしょうを全体にからめる。

濃厚ソースをたっぷりかけて

アスパラの
バーニャカウダ風ソース

材料(2人分)

アスパラガス …… 4〜5本(100g)

A
にんにく(すりおろし) …… ½かけ
アンチョビペースト(チューブ) …… 小さじ½
塩麹 …… 大さじ½
牛乳 …… 大さじ2
オリーブオイル …… 大さじ1

作り方

1 アスパラガスは根元を少し切り落とし、かたい部分の皮をピーラーでむき、半分の長さに切る。さっと水にくぐらせてからふんわりとラップで包み、耐熱皿にのせて電子レンジで2分加熱する。ラップをはずして粗熱をとる。

2 深さのある耐熱容器に**A**を入れてよく混ぜ合わせ、ふんわりとラップをかけて電子レンジで30秒加熱する。

3 器に水けをきった**1**を盛り、**2**をかける。

〈アスパラガス〉

旬
12〜5月

茎は太く肉厚のほうが甘みが強い。切り口は「す」が入っておらず、白くてみずみずしいものを選んで。

葉は全体的に鮮やかな緑色をしていて、葉先までピンとハリがあるものが◎。

冷蔵保存のコツ

茎と葉に分けてラップで包み立てて保存を

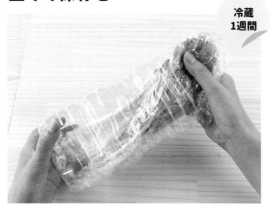

冷蔵 1週間

洗って水けをよくふき、茎と葉に分けてラップで包みます。ポリ袋に入れたら切ったペットボトルなどに立てて冷蔵室で保存します。

冷凍保存のコツ

茎と葉に分けて冷凍炒めものや汁ものに

冷凍 3週間

洗って水けをよくふき、茎と葉に分けてラップで包んでからチャック付き保存袋に入れ、空気を抜いて冷凍を。茎は凍ったままスープやカレーに、葉は炒めものに。

おいしい！調理のコツ

筋はピーラーを当てながら取る

茎の端（葉に近いほう）にピーラーを当てて、端をひっかけるようにして筋を持ち上げてとっかかりを作ったら、筋を数本まとめて持ち、根元に向かってゆっくりと引っ張ります。筋が細くなると自然に切れますが、取れるところまででOK。

根元に向かって引っ張る

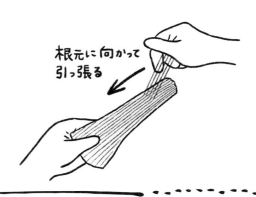

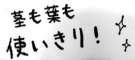
茎も葉も
使いきり！

冷蔵
3日

冷凍
NG

煮ると甘みが出ます！

冷蔵
3日

冷凍
NG

常備したい浅漬けの仲間入り！

セロリの白だし漬け

材料（作りやすい分量）

セロリ …… 2本（200g）

A｜白だし …… 大さじ2
　｜酢 …… 大さじ½
　｜ごま油 …… 小さじ1

作り方

1 セロリは筋を取り、茎はひと口大に切り、葉はざく切りにする。

2 チャック付き保存袋に**1**、**A**を入れてもみ込み、袋の空気を抜いてとじ、冷蔵庫でひと晩以上おく。

コンソメしょうゆ味で食べやすい

セロリとベーコンのスープ煮

材料（作りやすい分量）

セロリ …… 2本（200g）
スライスベーコン …… 2枚

A｜水 …… 2カップ
　｜顆粒コンソメスープの素 …… 大さじ1
　｜しょうゆ …… 小さじ2

作り方

1 セロリは筋を取り、茎は2cm幅の斜め切りにし、葉はざく切りにする。ベーコンは2cm幅に切る。

2 鍋に**A**を入れて中火にかけ、煮立ったらセロリの茎、ベーコンを加える。ふたをずらしてのせ、弱めの中火で7〜8分煮る。最後にセロリの葉を加えてさっと煮る。

ぷりぷりたこと相性抜群♡

冷蔵 3日　冷凍 NG

生で食べるならコレ！

チーズが入るだけで味わいアップ！

セロリとたこのマリネ

材料(4人分)

セロリ …… 大1本(150g)
ゆでたこ(刺身用) …… 80〜100g
プロセスチーズ(切れてるタイプ) …… 5枚(40g)

A
塩麹 …… 大さじ1と½
砂糖 …… ふたつまみ
こしょう …… 少々
レモン汁 …… 大さじ1
オリーブオイル …… 大さじ2と½

作り方

1 セロリは筋を取り、茎は5cm長さの細切りにし、葉はざく切りにする。たこは斜め薄切りにし、プロセスチーズは1cm幅に切る。

2 ボウルにAを順に入れてよく混ぜ合わせ、1を加えてあえ、冷蔵庫で1時間以上おく。

シャキシャキな歯ごたえを楽しんで

スティックセロリの
明太子ディップ

材料(2人分)

セロリ …… 1本(100g)

A
マヨネーズ …… 大さじ3
辛子明太子(薄皮から身をこそげ出す) …… 小½腹(30g)

作り方

1 セロリは筋を取り、茎は8〜10cm長さのスティック状に切る。葉は食べやすい長さに切る。

2 Aは混ぜ合わせる。

3 器に1を盛り、2を添える。

もっと知りたい！

セロリを生でよりおいしく食べるなら、切った後に2〜3分水にさらしてみて。みずみずしさが増し、シャキシャキ感が味わえます。

★ウスターソース&マヨが新鮮!

お弁当のおかずにも◎

ツナ缶の代わりに鮭缶でもOK!

セロリのツナマヨサラダ

材料(2人分)

セロリ …… 大1本(150g)
ツナ油漬け缶 …… 1缶(70g)
塩 …… 少々
A｜マヨネーズ …… 大さじ1
　｜ウスターソース …… 小さじ1
　｜塩、こしょう …… 各少々

作り方

1 セロリは筋を取り、茎は縦半分に切ってから斜め薄切りにする。塩をまぶして軽くもみ、2分ほどおいて水けをしぼる。葉は小さめのざく切りにする。

2 ツナ缶は缶汁をきる。

3 ボウルにAを入れて混ぜ合わせ、1、2を加えてあえる。

カレー風味が食欲をそそります

セロリのカレーきんぴら

材料(2人分)

セロリ …… 1本(100g)
ウインナー …… 2本
サラダ油 …… 小さじ2
酒 …… 大さじ1
A｜砂糖、しょうゆ …… 各小さじ2
　｜カレー粉 …… 小さじ½

作り方

1 セロリは筋を取り、茎は斜め薄切りにし、葉はざく切りにする。ウインナーは斜め薄切りにする。

2 フライパンにサラダ油を中火で熱し、ウインナー、セロリの茎を炒める。セロリが少ししんなりしてきたら、酒をふり入れ、混ぜ合わせたAで調味する。最後にセロリの葉を加えてさっと炒め合わせる。

〈セロリ〉

サラダ野菜レシピ

レタス、サラダ菜、かいわれ大根、ブロッコリースプラウトなどのサラダ野菜は
パパッと食べられて便利。上手に使って、副菜のレパートリーを増やしてみませんか。

レタス

芯の切り口は白くてみずみずしいものが新鮮で、葉に傷があるものは
NG。芯に楊枝を3本くらい刺し、湿らせたペーパータオルで包んでか
らポリ袋に入れ、切り口を下にして冷蔵室で保存を。使うときは外葉
からはがしていくと長持ちします。

| 冷蔵 3〜5日 | 冷凍 NG |

ムシャムシャ食べたい！

ちぎりレタスとわかめのサラダ

5分サラダ

材料(2人分)

レタス …… ½個(150g)
カットわかめ(乾燥) …… 2g
A
　しょうゆ …… 大さじ½
　にんにく(すりおろし)、塩、
　粗びき黒こしょう
　　…… 各少々
　ごま油 …… 大さじ1

作り方

1 わかめは水につけてもどし、水けをき
る。レタスは手でひと口大にちぎる。

2 ボウルにAを順に入れて混ぜ合わせ、
1を加えてあえる。

火を通して食べるのも新鮮！

湯引きレタスの香味だれがけ

材料(2人分)

レタス …… ½個(150g)
A
　オイスターソース
　　…… 大さじ1
　ごま油 …… 大さじ½
　小ねぎ(小口切り) …… 1本
　しょうが(すりおろし)
　　…… ½かけ

作り方

1 レタスは手で大きめにちぎる。

2 鍋に湯を沸かし、沸騰したら1を20
秒ほどゆで、ざるにあげて水けをき
り、器に盛る。

3 2に混ぜ合わせたAをかける。

さっと
ゆでるだけ！

シャキシャキレタスがたっぷり！

レタスの生春巻き

切って
巻くだけ！

材料(3個分)

レタス …… 3枚(100g)
かに風味かまぼこ …… 4本
生春巻きの皮 …… 3枚
青じそ …… 3枚
シュレッドチーズ(生食タイプ)
　　…… 30g
A
　オイスターソース、マヨネーズ
　　…… 各小さじ2

作り方

1 レタスは細切りにする。かに風
味かまぼこは手でさく。

2 生春巻きの皮はぬるま湯にさ
っとくぐらせてもどす。青じそ
1枚、1の⅓量、シュレッドチー
ズの⅓量をのせて巻く。全部
で3個作る。

3 器に2を盛り、混ぜ合わせたA
をつけて食べる。

71

サラダ菜

葉の色が鮮やかでハリがあり、ふわっと軽いものが新鮮。切り口が変色しているもの、乾燥しているものはNG。根元を湿らせたペーパータオルで包んでからポリ袋に入れ、立てた状態にして野菜室で保存をします。

冷蔵
3日

冷凍
NG

半生の食感がたまらない!

サラダ菜のおひたし

材料(2人分)

サラダ菜 …… 2株(100g)
しらす …… 大さじ3(15g)
塩 …… 小さじ¼
しょうゆ …… 小さじ1
いりごま(白) …… 小さじ1

作り方

1 サラダ菜は縦4〜6等分に切り、長さを2〜3等分に切る。

2 フライパンに湯を沸かし、沸騰したら塩を加えて**1**を茎から先に入れ、30秒ほどゆでる。ざるにあげて水けをきる。

3 器に**2**を盛り、しらすをのせてしょうゆをまわしかけ、いりごまをふる。

さっと
ゆでるだけ

甘辛いあえ衣がいい!

サラダ菜のごまあえ

材料(2人分)

サラダ菜 …… 2株(160g)
塩 …… 小さじ¼
A すりごま(白)
…… 大さじ2
しょうゆ、砂糖
…… 各大さじ1

作り方

1 サラダ菜は縦4〜6等分に切り、長さを2〜3等分に切る。

2 フライパンに湯を沸かし、沸騰したら塩を加えて**1**を茎から先に入れ、30秒ほどゆでる。ざるにあげて水けをしぼる。

3 ボウルに**A**を入れて混ぜ合わせ、**2**を加えてあえる。

新・定番
副菜

サラダ菜が脇役から主役に!

サラダ菜のシーザーサラダ

材料(2人分)

サラダ菜 …… 大1株(120g)
サラミ …… 20g
A マヨネーズ …… 大さじ2
牛乳、粉チーズ …… 各大さじ1
にんにく(すりおろし) …… 小さじ¼
塩 …… 少々
粗びき黒こしょう …… 適量

作り方

1 サラダ菜は手で1枚ずつはがす。サラミは薄切りにする。

2 器に**1**を盛り合わせ、混ぜ合わせた**A**をかけ、粗びき黒こしょうをふる。

3分サラダ

リーフレタス

葉の色が鮮やかで葉先がしなびていないものを選んで。根元を湿らせたペーパータオルで包んでからポリ袋に入れ、立てた状態にして野菜室で保存します。

冷蔵
3日

冷凍
NG

かいわれ大根・ブロッコリースプラウト

葉先までピンとしてみずみずしく、変色していないものが◎。パックを開封して根元に水を注ぎ、ラップで密閉してから立てた状態にして野菜室で保存します。

冷蔵
5日

冷凍
NG

コラム**2**

ヨーグルトドレッシングで！

リーフレタスのくるみサラダ

材料(2人分)

リーフレタス …… 1株(100g)
くるみ(素焼き・無塩) …… 30g
A
　プレーンヨーグルト
　　…… 大さじ2
　オリーブオイル …… 大さじ1
　砂糖 …… 小さじ½
　塩 …… 小さじ¼

作り方

1 リーフレタスは手で食べやすい大きさにちぎる。

2 くるみは粗く刻む。耐熱容器に入れてラップをかけずに電子レンジで20秒加熱する。

3 器に**1**と**2**を盛り合わせ、混ぜ合わせた**A**をかける。

3分サラダ

爆速副菜

ほんのりとした辛さが◎

かいわれ大根とちくわのマヨあえ

材料(2人分)

かいわれ大根
　…… 1パック(50g)
ちくわ …… 2本
A
　マヨネーズ …… 大さじ1
　めんつゆ(3倍濃縮)
　　…… 小さじ1
　ゆずこしょう …… 小さじ¼

作り方

1 かいわれ大根は根元を切り落とし、長さを半分に切る。ちくわは長さを半分に切ってから縦4〜6等分に切る。

2 ボウルに**A**を入れて混ぜ合わせ、**1**を加えてあえる。

カマンベールチーズと好相性！

スプラウトのサーモンチーズ巻き

材料(2人分)

ブロッコリースプラウト …… ½パック(25g)
スモークサーモン …… 小8枚(80g)
カマンベールチーズ(個包装タイプ) …… 2個

作り方

1 カマンベールチーズは半分に切る。ブロッコリースプラウトは根元を切り落とす。

2 スモークサーモン2枚を少し重ね、**1**を等分にのせて巻く。全部で4個作る。お好みで塩、オリーブオイルをかける。

くるくる巻くだけ

自家製サラダミックス

おすすめのサラダ野菜を組み合わせた自家製サラダミックス。冷蔵庫で2〜3日は保存できます。

レタス＆ベビーリーフミックス

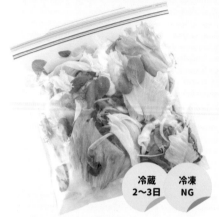

材料（作りやすい分量）

レタス …… 1個（300g）
ベビーリーフ …… 1パック（80g）
玉ねぎ …… 1/3個（70g）

作り方

1 レタスは手で大きめのひと口大にちぎり、ベビーリーフとともに水にさらして水けをきる。玉ねぎは薄切りにして酢水（分量外）にさらして水けをきる。

2 チャック付き保存袋に**1**を入れ、袋の口をとじて冷蔵保存する。

冷蔵 2〜3日 / 冷凍 NG

サニーレタス＆かいわれ大根ミックス

材料（作りやすい分量）

サニーレタス …… 小1株（150g）
かいわれ大根 …… 1パック（50g）
パプリカ（赤） …… 1/4個（25g）

作り方

1 サニーレタスは1枚ずつ手ではがし、ひと口にちぎる。かいわれ大根は根元を切り落とし、長さを半分に切り、サニーレタスとともに水にさらして水けをきる。パプリカは細切りにする。

2 チャック付き保存袋に**1**を入れ、袋の口をとじて冷蔵保存する。

冷蔵 2〜3日 / 冷凍 NG

サラダ菜＆ブロッコリースプラウトミックス

冷蔵 2〜3日 / 冷凍 NG

材料（作りやすい分量）

サラダ菜 …… 1個（80g）
ブロッコリースプラウト …… 1パック（50g）
にんじん …… 1/4本（50g）

作り方

1 サラダ菜は1枚ずつ手ではがす。ブロッコリースプラウトは根元を切り落とし、サラダ菜とともに水にさらして水けをきる。にんじんはせん切りにする。

2 チャック付き保存袋に**1**を入れ、袋の口をとじて冷蔵保存する。

ワンポイント

野菜に余分な水けがついていると傷みやすくなります。100円ショップなどでも手に入る野菜の水きり器などを使って水けをしっかりきるとおいしさが長持ちします。

ドレッシングバリエ4種

混ぜるだけのかんたんドレッシング4種をご紹介。自家製サラダミックスにかければ、野菜がたっぷり食べられます。

和風ドレッシング

材料（作りやすい分量）と作り方

❶ボウルにしょうゆ大さじ2、砂糖小さじ1/2、酢大さじ1、サラダ油大さじ2、しょうが（すりおろし）1かけを順に入れてよく混ぜ合わせる。

フレンチドレッシング

材料（作りやすい分量）と作り方

❶ボウルに砂糖小さじ1/3、塩小さじ1/3、こしょう少々、酢大さじ1、オリーブオイル大さじ2を順に入れてよく混ぜ合わせる。

中華風ドレッシング

材料（作りやすい分量）と作り方

❶ボウルにオイスターソース大さじ1と1/2、砂糖小さじ1/4、塩少々、酢大さじ1と1/2、ごま油大さじ1と1/2を順に入れてよく混ぜ合わせる。

濃厚ごまマヨドレッシング

材料（作りやすい分量）と作り方

❶ボウルにマヨネーズ大さじ4、すりごま（白）大さじ3、砂糖小さじ1/2、しょうゆ小さじ1、牛乳大さじ1、酢小さじ1を順に入れてよく混ぜ合わせる。

旬
6〜8月

トマトは緑色のヘタがピンとしていて、色ムラがないものが良品。お尻からヘタに向かって放射線上に筋があると糖度が高くおいしい証拠。

ミニトマトは皮がツヤツヤと光っていてハリがあるものが新鮮。ひび割れしたものが混ざっているとカビが生えやすいのでパックを持ち上げて確認を。

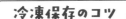

冷蔵保存のコツ

ヘタの部分を下に向けて保存すると鮮度が長持ち

冷蔵
1週間

トマトはペーパータオルで包み、ヘタを下に向けてポリ袋に入れて野菜室で保存します。ミニトマトはヘタを取り、ペーパータオルを敷いた密閉容器にヘタのあったほうを下に向けて入れ、同様に保存を。

冷凍保存のコツ

ヘタを取って丸ごと冷凍すればうまみも栄養もキープ

冷凍
1か月

ミニトマトもトマトもヘタを取ってから洗って水けをふき、チャック付き保存袋に入れ、空気を抜いて冷凍を。凍ったままスープやパスタ、炊き込みごはんに使えます。

おいしい！調理のコツ

横にスライスするとうまみがアップ

トマトもミニトマトも種のまわりにうまみ成分のグルタミン酸がたっぷり。例えばサラダやあえものなら、横に輪切りにするのがおすすめ。濃厚なうまみの部分をまず舌先が感じるので、おいしさがアップします。

横に輪切りがおすすめ！

ミ=トマトファンは必見！

漬けて寝かせるだけ！

冷蔵
3日

冷凍
NG

冷蔵
3日

冷凍
NG

砂糖の分量はトマトの熟成具合で調整して

トマトの
オリーブオイルマリネ

材料（4人分）

トマト …… 3個（450g）

A
砂糖 …… 小さじ1〜大さじ½
塩 …… 小さじ½
酢 …… 大さじ1
オリーブオイル …… 大さじ2

作り方

1 トマトは6〜8等分のくし形切りにし、スプーンで種をざっくりとかき出す。

2 ボウルにAを順に入れてよく混ぜ合わせ、1の種を加えてよく混ぜ合わせる。

3 2に1の実を加えてざっくりとあえ、冷蔵庫で3時間以上おく。

これだけ覚えて！

種のまわりのゼリー部分にはうまみがたっぷり。かき出してマリネ液に加えるといっそうおいしくなります。

さっぱり味で箸休めにもぴったり！

ミニトマトのめんつゆマリネ

材料（作りやすい分量）

ミニトマト（赤）…… 16個（240g）

A
めんつゆ（3倍濃縮）…… 大さじ3
水 …… 大さじ4
酢 …… 大さじ1
砂糖 …… 大さじ½
しょうが（すりおろし）…… 1かけ

作り方

1 ミニトマトは洗って水けをよくふき、楊枝で数か所刺す。

2 清潔な保存容器にAを入れて混ぜ合わせる。1を加えてなじませ、冷蔵庫でひと晩おく。

〈トマト・ミニトマト〉

ジュワッと
広がる甘み

冷蔵
2日

冷凍
1カ月

居酒屋の定番メニュー

冷凍しておけばすぐにできる！

冷凍ミニトマトのおひたし

材料(作りやすい分量)

ミニトマト(赤) …… 12個(180g)

A
だし汁 …… ½カップ
しょうゆ …… 大さじ½
みりん …… 小さじ1
塩 …… 小さじ¼

かつお節 …… 小1パック(2g)

作り方

1 ミニトマトは洗って水けをよくふき、チャック付き保存袋に入れ、半日以上冷凍する。

2 耐熱容器にAを入れ、ラップをかけずに電子レンジで2分加熱し、冷ましておく。

3 1を水にくぐらせて皮をむき、2に加えて10分おく。器に盛り、かつお節をのせる。

ねぎだれをたっぷりかけて召し上がれ！

冷やしトマトのねぎだれがけ

材料(2人分)

トマト …… 2個(300g)

小ねぎ …… 2〜3本

A
砂糖 …… 小さじ¼
塩 …… 小さじ⅓
レモン汁 …… 大さじ1と½
ごま油 …… 大さじ3

作り方

1 トマトは横に8mm幅の輪切りにし、器に並べて食べる直前まで冷蔵庫で冷やしておく。

2 ボウルにAを順に入れてよく混ぜ合わせる。

3 小ねぎは小口切りにして2に加えてよく混ぜ、1にかける。

クセになる♡ デザートサラダ

＼ みんな大好き♡ ／

チーズはプロセスチーズでもOK！

ミニトマトの
ハニーチーズサラダ

材料(2~3人分)

ミニトマト(赤・黄) …… 合計10個(150g)
モッツァレラチーズ …… 1個
A
　塩 …… 小さじ¼
　こしょう …… 少々
　はちみつ …… 小さじ1
　酢 …… 大さじ1
　オリーブオイル …… 大さじ3

作り方

1 ミニトマトは洗って水けをよくふき、横半分に切る。モッツァレラチーズは水けをきり、手でひと口大にちぎる。

2 ボウルにAを順に入れて混ぜ合わせ、1を加えてあえる。

しらすの塩けがトマトにマッチ！

トマトのしらす青じそあえ

材料(2人分)

トマト …… 大1個(250g)
しらす …… 大さじ3(15g)
A
　しょうゆ …… 大さじ½
　こしょう …… 少々
　オリーブオイル …… 小さじ2
青じそ …… 2枚

作り方

1 トマトは6～8等分のくし形切りにする。

2 ボウルにAを順に入れて混ぜ合わせ、1、しらす、手でちぎった青じそを加えてあえる。

〈 トマト・ミニトマト 〉

肌も喜ぶ
サブおかず

クリーミーなアボカド入り！

オイスターソースでうまみアップ！

ちぎりミニトマトの中華あえ

材料(2人分)

ミニトマト(赤) …… 12個(180g)

A
　砂糖、塩 …… 各小さじ¼
　オイスターソース …… 小さじ1
　酢 …… 小さじ1
　ごま油 …… 小さじ2
いりごま(白) …… 小さじ1

作り方

1 ミニトマトは洗って水けをよくふき、手で半分にちぎる。

2 ボウルに A を順に入れて混ぜ合わせ、**1**、いりごまを加えてあえる。

子どもでも食べやすいマヨしょうゆ味

トマトとアボカドの
マヨしょうゆサラダ

材料(2人分)

トマト …… 2個(300g)
アボカド …… 1個(180g)

A
　マヨネーズ …… 大さじ1と½
　粉チーズ …… 大さじ½
　しょうゆ …… 小さじ1

作り方

1 トマトはひと口大に切る。アボカドは種にそって縦にぐるりと切り込みを入れる。左右にひねって半分に割り、種と皮を取り除き、2cm角に切る。

2 ボウルに A を入れて混ぜ合わせ、**1**を加えてあえる。

これだけ覚えて！

ミニトマトは手でちぎると種のまわりのゼリー部分が飛び出てジューシーさがアップ。騙されたと思ってぜひ試して。

フライパン　5分以内

レンチン　5分以内

ふわふわ卵と相性バツグン！

手軽なのにオシャレ！

皮がはじけて少しつぶれるくらいまで炒めて

ミニトマトのマヨ卵炒め

材料（2人分）

ミニトマト（赤）…… 10個（150g）

A
- 卵 …… 2個
- マヨネーズ …… 大さじ1
- オイスターソース …… 小さじ1
- 塩、こしょう …… 各少々

サラダ油 …… 大さじ½

作り方

1 Aは混ぜ合わせておく。

2 フライパンにサラダ油を中火で熱し、ミニトマトを入れて2分炒める。皮がはじけてきたらへらで少しつぶす。

3 1を加えて大きくゆっくりかき混ぜ、半熟状になったら火を止める。

さば缶は缶汁ごと使えば栄養もうまみもゲット！

トマトとさば缶の レンジアクアパッツァ

材料（2人分）

トマト …… 2個（300g）

さば水煮缶 …… 1缶（190g）

にんにく（薄切り）…… ½かけ

A
- オリーブオイル、白ワイン …… 各大さじ½
- しょうゆ …… 小さじ1
- 塩、こしょう …… 各少々

バジルの葉 …… 少々

作り方

1 トマトは乱切りにする。

2 耐熱容器にさば缶を缶汁ごと入れて大きめにほぐし、1、にんにくを加えてAをまわしかける。ふんわりとラップをかけ、電子レンジで3分加熱し、バジルをちらす。

〈トマト・ミニトマト〉

おいしく食べきるコツ！

ヘタの切り口がみずみずしく、トゲがチクチクと立っているものが新鮮。皮の表面がなめらかで大きな傷がなく、ツヤとハリがあり、紫色が濃いものが◎。

旬

6～9月

水分が多い野菜なので、手で持ったときにある程度重さがあるものを選んで。

冷蔵保存のコツ

低温に弱いので
ペーパータオルで包んで保存

冷蔵
5日

低温に弱いので、表面の水けをふき取り、ペーパータオルで包んでからポリ袋に入れて野菜室で保存をします。

冷凍保存のコツ

お好みの大きさにカットしたら
アク抜きをして生のまま冷凍！

冷凍
1か月

輪切りなどお好みの大きさに切ってから水にさらして水けをふき、チャック付き保存袋に入れ、空気を抜いて冷凍を。凍ったままみそ汁や炒めものに使えます。

おいしい！調理のコツ

アク抜きは必要？不要？

炒めものや揚げものなど、切ってすぐに加熱する場合はえぐみを感じにくいので、アク抜きは必要ありません。漬けものや煮ものなどはえぐみがあると味が落ちるので、水にさらしてアク抜きをしてから調理するのがおすすめです。

アク抜きいらず！

なすといえばコレ！

保存袋でもむだけ！

冷蔵
4日

冷凍
NG

冷蔵
2日

冷凍
NG

何度でも食べたくなる定番作りおき

なすの南蛮漬け

材料（4人分）

なす …… 6本（540g）

A
- だし汁 …… 1と½カップ
- 酢 …… ¼カップ
- しょうゆ …… 大さじ3
- 砂糖 …… 大さじ2
- 塩 …… 小さじ⅓

サラダ油 …… 適量

作り方

1 鍋にAを入れて中火で煮立て、清潔な保存容器に移しておく。

2 なすは縦半分に切り、斜め格子状に浅く皮目に切り込みを入れる。

3 フライパンにサラダ油を深さ2cmまで注いで170℃に熱し、2の半量を入れて4分ほど揚げ、油をよくきる。残りも同様に揚げ、1に加えて冷めたら冷蔵庫で2時間以上おく。

なすは手でちぎると塩麹がよくしみる

なすの塩麹しょうが漬け

材料（作りやすい分量）

なす …… 4本（360g）

塩麹 …… 大さじ2

しょうが（せん切り）…… 1かけ

作り方

1 なすは包丁で切り込みを入れ、大きめのひと口大に手でちぎる。水に5分ほどさらして水けをきる。

2 しょうがは水に5分ほどさらして水けをきる。

3 チャック付き保存袋に1、2、塩麹を入れてもみ込み、袋の空気を抜いてとじ、冷蔵庫で2時間以上おく。

〈なす〉

82

超しっとり！

地味だけどおいしい

| 冷蔵 3〜4日 | 冷凍 NG |
| 冷蔵 4日 | 冷凍 NG |

キーンと冷やした辛口の白ワインと合う

皮むきなすのマリネ

材料（4人分）

なす …… 6本（540g）

A
- 砂糖 …… 小さじ1
- 塩 …… 小さじ½
- しょうゆ …… 小さじ1
- 酢 …… 大さじ3
- オリーブオイル …… 大さじ3
- しょうが（すりおろし）…… 1かけ

作り方

1 なすはヘタを取ってピーラーで皮をむき、水に2分ほどさらす。3本ずつラップで包んで耐熱皿にのせ、電子レンジで7分加熱し、そのまま冷水にさらして粗熱をとる。

2 ボウルにAを順に入れてよく混ぜ合わせる。

3 1の水けをふき、長さを半分に切ってから縦2〜3等分に切り、2に加えてなじませ、冷蔵庫で2時間以上おく。

途中1度上下を返しじっくり煮るだけ！

なすの田舎煮

材料（4人分）

なす …… 5本（450g）

A
- だし汁 …… 1と½カップ
- しょうゆ …… 大さじ3
- みりん …… 大さじ2
- 塩 …… ふたつまみ

作り方

1 なすは長さを半分に切ってから縦に浅く皮目に切り込みを入れ、水に5分ほどさらして水けをきる。

2 鍋にAを入れて中火にかけ、煮立ったら1の皮目を下にして入れ、落としぶたをして弱めの中火で7〜8分、上下を返して4〜5分煮る。火を止めてそのまま冷ます。

これだけ覚えて！

水にさらしてからレンチンするとしっとりジューシーに蒸し上がります。取り出すときは熱いので箸やトングなどを使ってください。

おつまみにもなっちゃう！

なす3本ペロリ！

塩もみでアク抜き&下味を同時に

なすと青じその塩もみあえ

材料(2人分)

なす …… 3本(270g)
青じそ …… 4枚
塩 …… 小さじ½

A | しょうゆ …… 小さじ2
　 | 酢 …… 小さじ1
　 | オリーブオイル …… 小さじ2

作り方

1 なすは2〜3mm厚さの輪切りにし、塩をまぶしてもみ込み、10分おく。

2 **1**の水けをしぼってボウルに入れ、**A**を順に加えて全体にからめる。ちぎった青じそを加えてざっとあえる。

もっと知りたい！

せん切りにしたしょうがやみょうがを加えたり、仕上げにいりごまやかつお節を混ぜるのもおすすめ。

ツナ缶いらずでやみつきの味

やみつき無限なす

材料(2人分)

なす …… 3本(270g)
塩 …… 小さじ¼
ごま油 …… 大さじ1

A | めんつゆ(3倍濃縮) …… 大さじ1と½
　 | 小ねぎ(小口切り) …… 3本
　 | かつお節 …… 小1パック(2g)

作り方

1 なすは長さを半分に切ってから縦4〜6等分に切る。

2 耐熱皿に**1**を入れて塩、ごま油をからめる。ふんわりとラップをかけて電子レンジで7分加熱する。

3 **2**に**A**を加えてよくあえる。

〈なす〉

主役級の
おいしさ！

こってりみそだれ！

みんなが好きな甘辛味！ごはんが進む

なすのとろっと照り焼き

材料（2人分）

なす …… 2本（180g）
片栗粉 …… 大さじ1
サラダ油 …… 大さじ2
酒 …… 大さじ1
A｜ しょうゆ、みりん …… 各大さじ1と½
　｜ 砂糖 …… 小さじ1
　｜ しょうが（すりおろし）…… ½かけ

作り方

1 なすは長さを半分に切ってから縦3等分に切り、片栗粉をまぶす。

2 フライパンにサラダ油を中火で熱し、**1**の皮目を下にして入れ、中火で3分焼く。焼き色がついたら裏返し、酒をふってふたをし、弱めの中火で3分蒸し焼きにする。

3 混ぜ合わせた**A**を加えて煮立て、全体に煮からめる。

少し多めの油をまぶして蒸し炒めにするのがコツ

乱切りなすのみそ炒め

材料（2人分）

なす …… 3本（270g）
サラダ油 …… 大さじ2
塩 …… 少々
A｜ みそ、酒 …… 各大さじ1
　｜ みりん、砂糖 …… 各大さじ½
　｜ しょうゆ …… 小さじ1

作り方

1 なすは乱切りにする。

2 フライパンに**1**を入れてサラダ油を全体にからめる。中火で熱して温まってきたら、塩、水大さじ3（分量外）を加え、ふたをして弱めの中火でときどき混ぜながら4〜5分蒸し炒めにする。

3 全体に焼き色がついてきたら、混ぜ合わせた**A**を加えて汁けをとばしながら炒め合わせる。器に盛り、お好みで七味唐辛子をかける。

カリッ！ジュワー！

バタポン最高！

ベーコンの塩けとうまみでおいしさアップ！

なすとベーコンの バタポンソテー

材料（2人分）

なす …… 2本（180g）
厚切りベーコン …… 60g
サラダ油 …… 大さじ1
酒 …… 大さじ1

A | バター …… 10g
　 | ポン酢しょうゆ …… 大さじ1

作り方

1 なすは8mm幅の輪切りにする。ベーコンは8mm幅に切ってから半分に切る。

2 フライパンに**1**のなすを入れ、サラダ油を全体にからめる。中火で熱してベーコンを加えて焼く。なすの両面に焼き色がついてきたら酒をふってふたをし、弱めの中火でときどき上下を返しながら4〜5分蒸し焼きにする。

3 **A**を加えて全体にからめる。

スパイシーな味つけがたまらない

なすのカレー風味から揚げ

材料（2人分）

なす …… 2本（180g）

　 | マヨネーズ、牛乳 …… 各大さじ2
A | 塩 …… 小さじ½
　 | カレー粉 …… 小さじ1弱
B | 薄力粉、片栗粉 …… 各大さじ2
サラダ油、塩 …… 各適量

作り方

1 なすは長さを半分に切ってから縦4等分に切り、全体にフォークで穴をあける。

2 ボウルに**A**を入れて混ぜ合わせ、**1**を加えてなすに吸わせるように全体によくからめる。10分おき、**B**を加えて混ぜる。

3 フライパンにサラダ油を深さ2cmまで注いで180℃に熱し、**2**の皮目を下にして入れる。少し衣がかたまってきたら上下を返し、カリッとするまで2〜3分揚げ、油をよくきる。器に盛り、お好みで塩をふる。

〈なす〉

おいしく食べきるコツ！

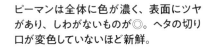
ピーマンは全体に色が濃く、表面にツヤがあり、しわがないものが◎。ヘタの切り口が変色していないほど新鮮。

旬

ピーマン
6〜8月

パプリカ
6〜9月

パプリカはピーマンと同様に表面にツヤがあり、色ムラがないものがおすすめ。ヘタの切り口が白く、みずみずしいものを選んで。

冷蔵保存のコツ

ペーパータオルで包んでからポリ袋に入れて野菜室で保存

冷蔵
1週間

ピーマンもパプリカも低温に弱いので、ペーパータオルで包んでからポリ袋に入れ、野菜室で保存を。カットしたパプリカは同様に包むと3〜4日保存できます。

冷凍保存のコツ

生のまま冷凍してOK！煮ものや炒めものに

冷凍
1か月

ピーマンはまるごと、パプリカは細切りなどにしてチャック付き保存袋に入れ、空気を抜いて冷凍を。凍ったままピーマンは煮もの、パプリカは炒めものに使えます。

おいしい！調理のコツ

繊維にそって切ると苦みがまろやかに

ピーマンは縦に繊維が存在しているので、苦みを減らしたいなら繊維にそって縦方向に切るのがおすすめ。シャキシャキ感も残ります。逆に繊維を断ちきるように切ると、苦みは感じやすくなりますが、早く火が通って食感もやわらかくなります。

縦方向に切る

苦みが出にくい

横方向に切る

食感やわらか

ヘタも種も食べられる！

★ これぞ、
万能な副菜！

冷蔵	冷凍
4日	2週間

冷蔵	冷凍
4日	2週間

汁けがなくなるまでしっかり炒めます

ピーマンとパプリカの
きんぴら

材料（4人分）

ピーマン …… 4個(160g)
パプリカ(赤・黄) …… 各½個(合計150g)
ごま油 …… 大さじ1
酒 …… 大さじ1と½
Ⓐ みりん …… 大さじ1
　砂糖 …… 小さじ1
　しょうゆ …… 大さじ1
いりごま(白) …… 大さじ1

作り方

1 ピーマンとパプリカは縦半分に切ってヘタと種、ワタを取り、横に5mm幅に切る。

2 フライパンにごま油を中火で熱し、**1**を炒める。全体に油がまわったら酒を加え、ふたをして1分ほど蒸し焼きにする。

3 Ⓐを順に加え、汁けがなくなるまで炒め合わせ、いりごまを混ぜる。

くたくたになるまでじっくり煮ます

丸ごとピーマンのコンソメ煮

材料（4人分）

ピーマン …… 10～12個(400g)
　水 …… 1と½カップ
　顆粒コンソメスープの素 …… 大さじ½
Ⓐ にんにく(半割りにしてつぶす) …… 1かけ
　しょうゆ …… 大さじ1
　砂糖 …… ふたつまみ

作り方

1 ピーマンは側面に親指を入れて縦に穴をあけ、まな板の上において手で軽く押しつぶす。

2 鍋にⒶ、**1**を入れて中火にかけ、煮立ったら弱めの中火にしてふたをずらしてのせ、12～15分蒸し煮にする。

これだけ覚えて！

 この料理はヘタごと食べるのでヘタの周辺もきれいに洗い、種もワタも新鮮なものを選んでください。

〈ピーマン・パプリカ〉

うまみじんわり！

冷蔵
4日

冷凍
2週間

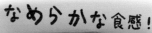
なめらかな食感！

冷蔵
3日

冷凍
2週間

ピーマンの苦みが気にならない

ピーマンの佃煮

材料(4人分)

ピーマン …… 10～12個(400g)
ちりめんじゃこ …… 大さじ6(30g)
サラダ油 …… 大さじ½

A 酒、しょうゆ …… 各大さじ2
みりん、砂糖 …… 各大さじ1

作り方

1 ピーマンは縦半分に切ってからヘタと種、ワタを取り、斜め8mm幅に切る。

2 フライパンにサラダ油を中火で熱し、ちりめんじゃこを炒める。カリッとしてきたら**1**を加えて炒め合わせる。

3 全体に油がまわったら、Aを加えて煮汁がほとんどなくなるまで煮る。

フルーツのような甘みが楽しめます

焼きパプリカのマリネ

材料(4人分)

パプリカ(赤・黄) …… 各2個(合計600g)

A 塩、はちみつ …… 各小さじ¼
酢 …… 大さじ1
レモン汁 …… 小さじ1
オリーブオイル …… 大さじ2

作り方

1 パプリカはヘタと種、ワタを取り、縦半分に切ってから、さらに半分に切る。オーブントースターで皮が真っ黒になるまで15～20分焼く。

2 湿らせたペーパータオルでこするようにして**1**の皮をそっとむき、縦2～3等分に切る。

3 ボウルにAを順に入れて混ぜ合わせ、**2**を加えてなじませてから冷蔵庫で2時間以上おく。

これだけ覚えて！

パプリカは真っ黒になるまで焼くのがコツ。皮がむきやすくなり、甘みが増します。魚焼きグリルでも作れます。

名の通り！冷やすだけ！

おもてなしにも◎

ピーマンの新たなおいしさを発見

冷やしピーマン
みそ卵マヨ添え

材料（2人分）

ピーマン …… 3個（120g）

A
| ゆで卵（粗く刻む） …… 1個
| マヨネーズ …… 大さじ1と½
| みそ …… 大さじ½
| 砂糖 …… 小さじ¼

作り方

1 ピーマンは縦半分に切ってヘタと種、ワタを取り、氷水に入れて冷蔵庫で半日以上おく。

2 器に**1**を水けをきって盛り、混ぜ合わせた**A**をつけて食べる。

これだけ覚えて！

氷水に漬ける時間が長いほどピーマンの苦みと青臭さがやわらぎ、パリパリ感が増します。待つだけなので時間は守って！

濃厚なフィリングがパプリカとマッチ！

パプリカのツナチーズ詰め

材料（2人分）

パプリカ（黄） …… ½個（75g）
クリームチーズ …… 100g
ツナ油漬け缶 …… 1缶（70g）

A
| しょうゆ …… 小さじ1
| 塩、こしょう、ドライバジル、
|　　ガーリックパウダー …… 各適量

作り方

1 パプリカは種とワタを除く。ラップで包んで電子レンジで30秒加熱し、冷まして水けをふく。

2 ボウルにクリームチーズを入れてなめらかになるまで混ぜ、缶汁をきったツナ缶、**A**を加えてよく混ぜる。

3 **1**に**2**を詰めてラップで包み、冷蔵庫で1時間以上冷やす。4等分など食べやすい大きさに切る。

〈ピーマン・パプリカ〉

コクうま仕上げ！

切って巻くだけ！

パプリカが中途半端に余ったらぜひ！

細切りパプリカの
生ハム巻き

材料(2~3人分)

パプリカ(赤・黄) …… 各¼個(合計75g)
生ハム …… 12枚(90g)
リーフレタス …… 1~2枚
マヨネーズ …… 適量

作り方

1 パプリカはヘタと種、ワタを取り、細切りにする。リーフレタスは生ハムの大きさに合わせて手でちぎり、6枚分用意する。

2 生ハムは2枚を一組にして少しずらして重ね、**1**を等分ずつのせて巻く。全部で6個作る。

3 器に**2**を盛り、マヨネーズを添える。

時間がないときもこれならできそう！

ピーマンのベーコンマヨ炒め

材料(4人分)

ピーマン …… 3個(120g)
スライスベーコン …… 2枚
マヨネーズ …… 大さじ1
塩、こしょう …… 各少々
かつお節 …… 小1パック(2g)

作り方

1 ピーマンは1cm幅の輪切りにし、ヘタと種、ワタを取る。ベーコンは2cm幅に切る。

2 フライパンにマヨネーズを中火で熱し、ベーコン、ピーマンの順に炒める。ピーマンがしんなりしてきたら塩、こしょうで調味し、かつお節を加えてさっとひと炒めする。

パプリカ1個 使いきり！

鮭フレークでランクアップ！

サクサクの天かすがアクセント！

無限鮭ピーマン

材料(4人分)

ピーマン …… 4個(160g)
鮭フレーク …… 大さじ3
Ⓐ 鶏ガラスープの素 …… 小さじ1
　 ごま油 …… 大さじ1
天かす …… 大さじ1と½

作り方

1 ピーマンはヘタと種、ワタを取り、小さめの乱切りにする。

2 耐熱容器に**1**、鮭フレーク、Ⓐを入れてざっと混ぜる。ふんわりとラップをかけて電子レンジで2分～2分30秒加熱し、混ぜる。

3 器に**2**を盛り、天かすをちらす。

半量を黄色のパプリカにしてもおいしい

パプリカの
カレーオイスター炒め

材料(2人分)

パプリカ(赤) …… 1個(150g)
サラダ油 …… 大さじ1
Ⓐ 酒 …… 大さじ1
　 オイスターソース …… 大さじ½
　 カレー粉 …… 小さじ½
　 塩 …… 少々

作り方

1 パプリカはヘタと種、ワタを取り、2cm四方に切る。

2 フライパンにサラダ油を中火で熱し、**1**を3分炒める。

3 油がまわったらⒶを加え、汁けがなくなるまで炒め合わせる。

〈ピーマン・パプリカ〉

おいしく食べきるコツ！

旬
5〜8月

緑色が鮮やかで表面のイボが鋭く、白く粉（ブルーム）で覆われているものが◎。できるだけ先細りせずに太さが均一なものを選んで。

手で持ったときにしっかりと重みを感じられるものは水分がたっぷり含まれていてみずみずしい証拠。

冷蔵保存のコツ

立てて保存するとおいしさ長持ち！

冷蔵
3〜5日

低温に弱いのでペーパータオルで包み、ポリ袋に入れたら、切ったペットボトルなどに立てて野菜室で保存します。

冷凍保存のコツ

塩もみしてから冷凍 酢のものに使える

冷凍
1か月

薄い小口切りにして塩もみしてから水けをしぼります。ラップで包み、チャック付き保存袋に入れて空気を抜いて冷凍を。流水解凍して水けをしぼり、酢のものに。

おいしい！調理のコツ

下処理をすれば味がよくなじむ

下処理で青臭さが減り、調味料が入りやすくなります。まずは両端を切ってまな板におきます。塩をふってきゅうりを押しつけるようにして手で転がしながら板ずりをし、水洗いを。表面の凹凸が消えるので味もしみ込みやすくなります。

押しつけるように転がす

まるで屋台の味！

冷蔵 4日　冷凍 NG

クセになる甘酸っぱさ！

冷蔵 5日　冷凍 NG

ポリ袋で作れるから超ラクチン！

冷やしきゅうりの1本漬け

材料（作りやすい分量）

きゅうり …… 4本（400g）

A
塩、砂糖、酢 …… 各小さじ1
顆粒和風だしの素 …… 小さじ2

作り方

1 きゅうりは両端を少し切り落とし、ピーラーでストライプ状に皮をむく。

2 チャック付き保存袋に**A**を入れてよくもみ混ぜ、**1**を加えてもみ込む。袋の空気を抜いてとじ、冷蔵庫でひと晩以上おく。

レンジを活用すると早く味がしみ込みます

きゅうりとうずら卵のピクルス

材料（作りやすい分量）

きゅうり …… 2本（200g）
うずら卵水煮 …… 12個

A
酢、水 …… 各½カップ
砂糖 …… 大さじ4
塩 …… 小さじ1
ローリエ（お好みで）…… 1枚

作り方

1 きゅうりは両端を少し切り落とし、乱切りにする。

2 耐熱容器に**A**を入れてよく混ぜる。**1**を加えて落としラップをし、電子レンジで2分加熱する。

3 粗熱がとれたらうずら卵を加え、落としラップをして冷蔵庫でひと晩以上おく。

これだけ覚えて！

きゅうりとうずら卵がピクルス液にまんべんなくつかるように、落としラップをしてください。

〈きゅうり〉

切るだけ　　5分以内

★ ✦ ごはんもビールも進む！

きゅうりはたたくと味がからみやすい

冷蔵
5日

冷凍
NG

あの有名な漬けものはもう買えない!?

きゅうりの甘辛煮

材料（作りやすい分量）

きゅうり …… 4本（400g）

A
しょうゆ …… 大さじ3
水 …… 大さじ2
みりん、砂糖、酢 …… 各大さじ1
にんにく（半割りにしてつぶす）…… 2かけ

ごま油 …… 小さじ1

作り方

1 きゅうりは両端を少し切り落として8mm厚さの輪切りにし、塩小さじ1（分量外）をふって10分おく。洗って水けをよくしぼる。

2 鍋にAを入れて中火にかけ、煮立ったら1を加えてふたをして、弱火でときどき混ぜながら煮汁が少なくなるまで8～10分煮る。ごま油を加えて混ぜ、ひと煮する。

ザーサイのうまみでいっそうおいしく！

たたききゅうりの
ザーサイあえ

材料（2人分）

きゅうり …… 2本（200g）
ザーサイ（味付き）…… 20g

A
ごま油 …… 大さじ1
しょうゆ …… 小さじ1
いりごま（白）…… 大さじ½

作り方

1 きゅうりは両端を少し切り落としてからポリ袋に入れ、めん棒などで軽くたたいてから、食べやすい大きさに手で割る。

2 ザーサイは粗く刻む。

3 ボウルに1と2を入れ、Aを加えてあえる。

まろやかな甘酢で
食べやすい！

きゅうりが新鮮！

さっぱりツナマヨソースが合う！

ピーラーきゅうりの
ツナマヨサラダ

材料(2人分)

きゅうり …… 2本(200g)
ツナ油漬け缶 …… 1缶(70g)

A | マヨネーズ、プレーンヨーグルト …… 各大さじ1
　 | 塩、こしょう …… 各少々

作り方

1 きゅうりは両端を少し切り落とし、ピーラーでリボン状に薄く削り、水にさらして水けをきる。

2 ツナ缶は缶汁をきり、Aと混ぜ合わせる。

3 器に**1**を盛り、**2**をかける。

疲れているときにもおすすめ

きゅうりとかに風味かまぼこ
の甘酢あえ

材料(2人分)

きゅうり …… 1本(100g)
かに風味かまぼこ …… 2本

A | 酢 …… 大さじ1
　 | 砂糖 …… 小さじ2
　 | しょうゆ …… 小さじ1
　 | しょうが(すりおろし) …… 少々

作り方

1 きゅうりは薄い小口切りにし、塩小さじ¼（分量外）をまぶして軽くもむ。3分ほどおいてさっと洗って水けをしぼる。

2 かに風味かまぼこは手でさく。

3 ボウルにAを入れてよく混ぜ合わせ、**1**と**2**を加えてあえる。

〈きゅうり〉

ゴーヤーはちりめん状のイボがつぶれておらず、イボの大きさもすき間なく密にそろっているものが◎。色が濃いほど苦みが強く、薄いほど苦みが弱いのが特徴。

旬

ズッキーニ
5〜9月

ゴーヤー
6〜9月

ズッキーニは太さが端から端まで均一で太すぎず、皮にハリとツヤがあるもの、大きさの割にずっしりしていて表面に傷がないものが◎。

冷蔵保存のコツ

立てて保存すると
おいしさ長持ち！

ズッキーニ
冷蔵
3〜5日

ゴーヤー
冷蔵
1週間

ズッキーニもゴーヤーもペーパータオルで包み、ポリ袋に入れたら、切ったペットボトルなどに立てて野菜室で保存します。

冷凍保存のコツ

ズッキーニは生のまま
ゴーヤーは塩もみして冷凍

冷凍
1か月

ズッキーニは生のまま半月切り、ゴーヤーは種とワタを取って塩もみして洗い、水けをふいたらどちらもチャック付き保存袋に入れ、空気を抜いて冷凍します。

おいしい！調理のコツ

ソテーするとホクホクの食感に！

ラタトゥイユなど限られた料理だけに使うのはもったいない！ズッキーニは輪切りにして油をひいたフライパンで塩、こしょうをふり、ソテーするとホクホクの食感になります。これだけで十分おいしい副菜の完成です。

ホクホクの食感！

苦みがごちそう！

迷ったら**コレ一択！**

冷蔵
1週間

冷凍
NG

冷蔵
5日

冷凍
NG

しょうが風味で食べやすい！

ゴーヤーのみそ漬け

材料（作りやすい分量）

ゴーヤー …… 1本（250g）

A
みそ …… 大さじ1と½
砂糖 …… 小さじ2
しょうが（すりおろし）…… 1かけ

作り方

1 ゴーヤーは両端を少し切り落とし、縦半分に切ってから種とワタをスプーンでこそげ取り、7〜8mm厚さに切る。

2 チャック付き保存袋にAを合わせてもみ混ぜ、**1**を加えてもみ込んでなじませる。袋の口をとじて冷蔵庫でひと晩以上おく。

昆布茶のうまみが広がる！

ズッキーニの昆布茶浅漬け

材料（作りやすい分量）

ズッキーニ …… 2本（400g）
塩 …… 小さじ½
昆布茶 …… 小さじ1

作り方

1 ズッキーニは両端を少し切り落とし、長さを3〜4等分に切ってから4〜6等分の放射状に切る。塩をふってもみ込み、10分おいて水けをしぼる。

2 チャック付き保存袋に**1**、昆布茶を入れてもみ混ぜ、袋の空気を抜いてとじ、冷蔵庫で2時間以上おく。

〈ズッキーニ・ゴーヤー〉

これだけ覚えて！

ズッキーニは水分が多い野菜なので、塩もみして水けをしぼってから漬けると味が中までしっかり入ります。

ポリポリの食感！

冷蔵
5日

冷凍
NG

粒マスタードマヨ味！

万能調味料で漬けるだけ

ゴーヤーの
カレーめんつゆ漬け

材料（作りやすい分量）

ゴーヤー …… 1本（250g）

A
めんつゆ（3倍濃縮） …… 大さじ4
水 …… 大さじ2
カレー粉 …… 小さじ1

作り方

1 ゴーヤーは両端を少し切り落とし、縦半分に切ってから種とワタをスプーンでこそげ取り、7〜8mm厚さに切る。

2 鍋に湯を沸かし、沸騰したら塩小さじ1（分量外）を入れ、**1**を1分ほどゆで、ざるにあげて水けをよくきる。

3 チャック付き保存袋に**A**を合わせ、**2**を加えてもみ混ぜる。袋の空気を抜いて口をとじ、冷蔵庫でひと晩以上おく。

スモークサーモンの代わりに生ハムでも◎

ピーラーズッキーニと
サーモンのサラダ

材料（2人分）

ズッキーニ …… 小1本（150g）
スモークサーモン …… 4〜5枚（50g）
塩 …… 少々

A
マヨネーズ …… 大さじ2
粒マスタード …… 大さじ½
はちみつ …… 小さじ1
塩、こしょう …… 各少々

作り方

1 ズッキーニは両端を少し切り落とし、ピーラーで薄いリボン状に削る。塩をふってしんなりしてきたら水けをしぼる。

2 スモークサーモンは食べやすい大きさに切る。

3 ボウルに**A**を入れて混ぜ合わせ、**1**、**2**を加えてあえる。

★ ひと口サイズのおつまみ　　　　パンチのある味わい！

アンチョビ入りケチャマヨソースがマッチ！

輪切りズッキーニのピザ風

材料（2人分）

ズッキーニ …… ½本（100g）

A
トマトケチャップ …… 大さじ2
マヨネーズ …… 大さじ½
アンチョビペースト（チューブ）…… 1㎝

溶けるチーズ …… 40g

作り方

1 ズッキーニは両端を少し切り落とし、1㎝厚さの輪切りにする。

2 Aは混ぜ合わせておく。

3 天板にアルミホイルを敷いて**1**を並べる。Aを塗って溶けるチーズをのせ、オーブントースターで焼き色がつくまで5〜7分焼く。

あっという間になくなりそう！

ゴーヤーのキムチ炒め

材料（2人分）

ゴーヤー …… 小1本（150g）
白菜キムチ …… 100g
スライスベーコン …… 1枚
塩 …… 小さじ1
ごま油 …… 小さじ2
しょうゆ …… 小さじ1

作り方

1 ゴーヤーは両端を少し切り落とし、縦半分に切ってから種とワタをスプーンでこそげ取り、7〜8㎜厚さに切る。塩をふってもみ込み、水分が出てきたら洗って水けをしぼる。

2 白菜キムチは食べやすい大きさに切る。ベーコンは2㎝幅に切る。

3 フライパンにごま油を中火で熱し、**2**のベーコンを炒める。焼き色がついてきたら**1**を加えて炒め、全体に油がまわったら、**2**の白菜キムチを加えて炒め合わせ、しょうゆで調味する。

〈ズッキーニ・ゴーヤー〉

ムダなくおいしく使いきり！
香味野菜のアイデアレシピ

香味野菜は最後まで使いきれず余らせてしまうことがありませんか？
ここではムダなく使いきれるアイデアレシピと保存方法をご紹介します。

にんにく

外側の皮が白くてツヤがあり、全体がふっくらと丸みを帯びているのが◎。実はできるだけ均等でかたさがあるものがおいしい。芽が出ているもの、軽すぎるものは NG。

冷蔵
1か月

冷凍
2〜3週間

丸ごとペーパータオルで包んでからチャック付き保存袋に入れ、チルド室または冷蔵室で保存します。

みじん切りしてから使う分ずつラップでぴっちりと包み、チャック付き保存袋に入れ、空気を抜いて冷凍します。凍ったまま炒めものやパスタに使えます。

漬けてほっとくだけ！
にんにくのしょうゆ漬け

万能な
しょうゆ

材料（作りやすい分量）

にんにく …… 8〜10かけ

A
しょうゆ …… ¾カップ
酒、みりん …… 各75ml
砂糖 …… 大さじ½

作り方

1 鍋にAを入れて中火にかけ、ひと煮立ちしたら火を止め、冷ましておく。

2 にんにくは縦半分に切り、芯を取り除く。耐熱皿に入れてふんわりとラップをかけ、電子レンジで40秒加熱する。

3 清潔な保存容器に2を入れ、1を注ぐ。落としラップをしてから密閉し、冷蔵庫で3日以上おく。

使い方アイデア

にんにくはそのままおつまみとして食べたり、漬けだれは炒飯やから揚げの味つけやステーキソースなどに。

冷蔵
2か月

冷凍
NG

リッチ
オイル

油は1種類でも OK！
にんにくのオイル漬け

材料（作りやすい分量）

にんにく …… 1〜2かけ
オリーブオイル、サラダ油
…… 各½カップ

作り方

1 にんにくは粗みじん切りにする。

2 清潔な保存容器に1を入れ、オリーブオイル、サラダ油を注ぐ。

使い方アイデア

パスタや炒めもの、オイルだけならドレッシングやたれなどに。

冷蔵
1か月

冷凍
NG

しょうが

ふっくらとしていてハリとツヤがあり、皮に傷がないものがよい。切り口が乾燥していたり、黒ずんでいるものは NG。

| 冷蔵 1週間 | 冷凍 1か月 |

切り口をラップで包んでからペーパータオルで包み、チャック付き保存袋に入れて野菜室で保存します。

せん切り、薄切り、みじん切りなどお好みの大きさに切り、使う分ずつラップで包んでからチャック付き保存袋に入れて冷凍します。

1年中作れる

お口直しやおつまみにも◎

しょうがの甘酢漬け

材料（作りやすい分量）

しょうが …… 250g

A
- 酢 …… 1カップ
- 砂糖 …… 大さじ6
- 白だし …… 小さじ1
- 塩 …… 小さじ½

作り方

1 しょうがは皮をむき、スライサーで斜め薄切りにする。

2 鍋に湯を沸かし、沸騰したら1を入れて2分ほど透き通るまでゆでる。水にさらして水けをしぼり、清潔な保存容器に移す。

3 2の湯を捨て、Aを入れてひと煮立ちさせる。冷めたら2を注ぐ。

| 冷蔵 1か月 | 冷凍 2か月 |

使い方アイデア

焼き魚に添えたり、ちらし寿司やおいなりさんに混ぜたりなど。

ピリッとした辛さが後を引く

しょうがの佃煮

万能な常備菜

材料（作りやすい分量）

しょうが …… 250g

A
- 酒、みりん、しょうゆ …… 各大さじ3
- 砂糖 …… 大さじ2

いりごま（白） …… 小さじ2

作り方

1 しょうがはよく洗い、皮の汚れている部分をスプーンなどで取り除く。せん切りにし、さっと洗って水けをきる。

2 鍋にAを合わせて1を入れ、中火にかける。煮立ったら火を弱めて汁けが少なくなるまで8〜10分煮る。火を止めていりごまを混ぜる。

| 冷蔵 10日 | 冷凍 1か月 |

使い方アイデア

おにぎりやお茶漬けの具に。

鮮やかな緑色で葉先までピンとしているものが新鮮。軸が黒ずんでいるものは避けて。

5枚くらいずつを湿らせたペーパータオルではさみ、チャック付き保存袋に入れて野菜室で保存します。

冷蔵 10日

冷凍 3週間

洗って水けをよくふき、細切りにしてからペーパータオルを敷いた保存容器にふんわりと入れ、密閉して冷凍します。こうすると使いたい分だけ、取り出せて便利。

香ばしいミックスナッツ入り！

青じそのジェノベーゼ風

ラクラク 大量消費

材料（作りやすい分量）

青じそ …… 30枚
にんにく …… ½かけ
ミックスナッツ（無塩・素焼き）
　…… 30g
Ａ｜ オリーブオイル、サラダ油
　　…… 各¼カップ
　　粉チーズ …… 大さじ3
　　塩麹 …… 大さじ2
　　塩 …… 小さじ¼

作り方

1. 青じそはさっと洗って水けをふく。にんにくは縦半分に切り、芯を取り除く。

2. 耐熱容器にミックスナッツを入れ、ラップをかけずに電子レンジで20秒加熱する。

3. フードプロセッサーに1、2、Ａを加えてなめらかになるまで攪拌する。※冷凍する場合、チャック付き保存袋に薄くのばして入れるとよい。

冷蔵 2週間

冷凍 1か月

使い方アイデア

パスタやピザ、ソテーした肉や魚のソース、じゃがいものサラダなどに。

ごはん泥棒 確定

包丁いらずでやみつき！

青じそのごま油しょうゆ漬け

材料（作りやすい分量）

青じそ …… 15〜20枚
Ａ｜ しょうゆ …… 大さじ4
　　だし汁 …… 大さじ3
　　みりん …… 大さじ2
　　ごま油 …… 大さじ2
　　いりごま（白）…… 大さじ1
　　にんにく（すりおろし）
　　…… 少々

作り方

1. 青じそは軸をキッチンばさみで切り、さっと洗って水けをふく。

2. Ａのみりんは耐熱容器に入れ、ラップをかけずに10秒加熱する。冷めたら残りのＡと混ぜ合わせる。

3. 清潔な保存容器に1を入れ、2を注いで落としラップをして、冷蔵庫で1時間おく。

冷蔵 3〜4日

冷凍 NG

使い方アイデア

ごはんにのせる、おにぎりを巻く、刺身と一緒に食べるなど。

みょうが

丸みがあり、さわるとかたくて重いものが◎。また、先が開きすぎていないもの、色は鮮やかでツヤがあるものが新鮮。

湿らせたペーパータオルで包んでから、チャック付き保存袋に入れて冷蔵庫で保存します。

冷蔵 2週間

冷凍 3週間

洗って水けをよくふき、1個ずつラップで包んでからチャック付き保存袋に入れて冷凍します。凍ったままお好みの大きさに切り、みそ汁やスープなどに使えます。

鮮やかなピンク色がキレイ！

みょうがの甘酢漬け

> さっぱり常備菜

材料（作りやすい分量）

みょうが …… 12個
塩 …… 少々
A｜ だし汁 …… ¾カップ
　｜ 酢 …… ½カップ
　｜ 砂糖 …… 大さじ5
　｜ 塩 …… 小さじ½

作り方

1 鍋にAを入れて中火にかけ、ひと煮立ちしたら火を止め、清潔な保存容器に移して冷ます。

2 みょうがは縦半分に切り、塩をまぶす。

3 1の鍋をさっと洗って湯を沸かし、沸騰したら2を加えて1分ほどゆでる。ざるにあげて水けをきり、1に加えて落としラップをし、そのまま冷ます。

冷蔵 2週間　**冷凍 NG**

使い方アイデア

冷ややっこや冷やしめんの薬味、刻んでしゃぶしゃぶのたれに、甘酢はあえものなどに。

> レンチン

食欲がない日にもぴったり！

みょうがとささみの梅マヨあえ

材料（2人分）

みょうが …… 3個
鶏ささみ …… 2本（100g）
A｜ 酒 …… 大さじ1
　｜ 塩、こしょう …… 各少々
　｜ 梅干し（種を取って包丁でたたく）
　｜ 　…… 1個
B｜ マヨネーズ …… 大さじ2
　｜ すりごま（白） …… 大さじ1
　｜ しょうゆ、砂糖 …… 各小さじ1

作り方

1 鶏ささみに楊枝で数か所穴をあけてから耐熱皿にのせる。Aをふってふんわりとラップをかけて電子レンジで2分加熱する。そのまま冷まし、粗熱がとれたら細かくさく。

2 みょうがはせん切りにし、水にさらして水けをきる。

3 ボウルにBを入れて混ぜ合わせ1、2を加えてあえる。

おいしく食べるコツ!

旬
9〜11月

まるごとならずっしりと重く、ヘタがコルクのように枯れていて、くぼんでいるのが完熟している証拠。

カットされたものなら皮にツヤがあってかたくて重く、果肉の色は鮮やかで種とワタが詰まっているものがおすすめ。

冷蔵保存のコツ

種とワタを取って保存すると鮮度が長持ち!

冷蔵
4〜5日

カットされたかぼちゃは種とワタを取り、ペーパータオルで包んでからポリ袋に入れて野菜室で保存をします。

冷凍保存のコツ

薄いくし形切りにして生のまま冷凍

冷凍
1か月

種とワタを取り、水けをよくふいて薄いくし形切りにしてからチャック付き保存袋に入れ、空気を抜いて冷凍を。凍ったままソテーや天ぷらなどに活用できます。

おいしい!調理のコツ

2〜3分のレンジ加熱でラクに切れる!

かぼちゃを切るのが大変という声をよく聞きます。かたくて切りにくい場合、種とワタを取り、ラップで包んでから電子レンジで2〜3分加熱 (1/4個サイズの場合) しましょう。これだけでグンと切りやすくなります。

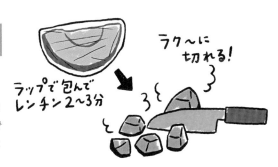

ラップで包んでレンチン2〜3分

ラク〜に切れる!

少ない油で揚げ焼き！

デパ地下風♪

冷蔵 4日／冷凍 2週間

冷蔵 4日／冷凍 NG

《かぼちゃ》

かぼちゃが熱いうちにマリネ液になじませて

揚げ焼きかぼちゃの カレーマリネ

材料（作りやすい分量）

かぼちゃ …… ¼個（400g）
サラダ油 …… 大さじ4
A　酢 …… 大さじ2
　　砂糖、水 …… 各大さじ1
　　カレー粉 …… 大さじ½
　　塩 …… 小さじ¼
　　こしょう …… 少々

作り方

1 かぼちゃは種とワタを取り、8㎜厚さのくし形切りにする。

2 バットなどに A を合わせておく。

3 フライパンにサラダ油を中火で熱し、**1**を4〜5分揚げ焼きにする。油をよくきり、熱いうちに**2**に加えて全体にからめる。

香ばしいナッツの食感が楽しい！

かぼちゃの ハニーナッツサラダ

材料（作りやすい分量）

かぼちゃ …… ¼個（400g）
ミックスナッツ（素焼き・無塩） …… 20g
A　マヨネーズ …… 大さじ2
　　プレーンヨーグルト …… 大さじ1
　　はちみつ …… 大さじ½
　　塩 …… 小さじ¼
　　こしょう …… 少々

作り方

1 かぼちゃは種とワタを取り、1㎝角に切る。耐熱容器に入れて水大さじ2（分量外）をふり、ふんわりとラップをかけて電子レンジで6分加熱する。

2 ミックスナッツは粗く刻む。耐熱容器に入れてラップをかけずに電子レンジで20秒加熱する。

3 **1**を粗くつぶし、混ぜ合わせた A 、**2**を加えてあえる。

まったりした舌触り

冷蔵 4日　冷凍 2週間

もう鍋に頼らない！

みそとクリームチーズでコク増し！

かぼちゃの 和風マッシュサラダ

材料（作りやすい分量）

かぼちゃ …… ¼個（400g）
クリームチーズ（個包装タイプ）…… 4個
A｜みそ …… 大さじ1
　｜牛乳 …… 大さじ2
塩、こしょう …… 各少々

作り方

1 かぼちゃは種とワタを取り、ひと口大に切って皮も取る。耐熱容器に入れて水大さじ2（分量外）をふり、ふんわりとラップをかけて電子レンジで6分加熱する。

2 クリームチーズは室温にもどし、Aを加えてなめらかになるまで混ぜる。

3 1をフォークでなめらかになるまでつぶし、2を加えて混ぜ、塩、こしょうで味をととのえる。

もっと知りたい！

マッシュサラダは食パンにはさんでサンドイッチにしたり、溶けるチーズをのせてトースターで焼くのもおすすめ。

ホクホクで中まで味しみしみ

かぼちゃの甘辛レンジ煮

材料（2人分）

かぼちゃ …… ⅙個（約270g）
A｜水 …… ½カップ
　｜顆粒和風だしの素 …… 小さじ⅓〜½
　｜砂糖、しょうゆ …… 各大さじ1

作り方

1 かぼちゃは種とワタを取り、3〜4cm角に切ってピーラーでところどころ皮をむく。

2 耐熱ボウルにAを入れて混ぜ、1を加えてざっと混ぜる。ふんわりとラップをかけて電子レンジで3〜4分加熱する。そっと上下を返して同様に3〜4分加熱する。

魅惑的なおいしさ！

肉のソテーのつけ合わせに

すりごまも一緒にからめて風味よく

かぼちゃの塩バターあえ

材料（2人分）

かぼちゃ …… 1/6個（約270g）

A
| バター …… 10g
| 塩 …… ひとつまみ
| すりごま（白）…… 小さじ2

作り方

1 かぼちゃは種とワタを取り、3〜4cm角に切る。耐熱ボウルに入れて水大さじ1（分量外）をふり、ふんわりとラップをかけて電子レンジで4〜5分加熱する。

2 1が熱いうちにAを加えてあえる。

にんにくと黒こしょうでパンチのきいたひと皿

かぼちゃのガーリックソテー

材料（2人分）

かぼちゃ …… 1/8個（200g）
にんにく（薄切り）…… 1かけ
オリーブオイル …… 大さじ1
塩、粗びき黒こしょう …… 各適量

作り方

1 かぼちゃは種とワタを取り、8mm厚さのくし形切りにする。

2 フライパンにオリーブオイル、にんにくを入れて弱火にかけ、香りが出てカリッとしてきたらにんにくを取り出す。

3 2に1のかぼちゃを入れ、中火で両面を焼く。焼き色がついたら、ふたをして3〜4分蒸し焼きにする。器に盛って塩、粗びき黒こしょうをふり、2をちらす。

〈かぼちゃ〉

おいしく食べきるコツ！

さやいんげんはさやの先までピンとハリがあり、太さが均一でなるべくまっすぐなものが◎。豆の形が目立ちすぎていたり、表面にしみや斑点があるものはNG。

旬

さやいんげん
6〜9月

スナップえんどう
4〜9月

スナップえんどうはさやがふっくらしていて豆の形がはっきり確認できるものがおいしい。先端のひげはピンとしているものを選んで。

冷蔵保存のコツ

ペーパータオルで包んでポリ袋に入れて野菜室で保存

冷蔵
4〜5日

さやいんげんもスナップえんどうも乾燥と低温に弱いので、ペーパータオルで包んでからポリ袋に入れ、野菜室で保存します。

冷凍保存のコツ

さっと塩ゆでして小分けにして冷凍

冷凍
1か月

スナップえんどうは筋とヘタを取り、さっと塩ゆでします。冷水にとって水けをふいてチャック付き保存袋に入れ、空気を抜いて冷凍を。さやいんげんも食べやすい長さに切って同様に冷凍可能。

おいしい！調理のコツ

筋はぐるりと1周取れば時短に

スナップえんどうの筋は、手でぐるりと1周しながらむきましょう。ヘタの反対側からヘタに向かってスーッと筋を引っ張り、ヘタの部分を手でポキッと折ります。そのまま反対方向まで筋を引っ張れば、途中で切れずに取れます。

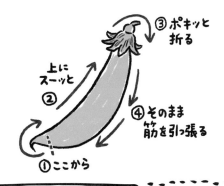

③ポキッと折る

上にスーッと②

④そのまま筋を引っ張る

①ここから

コツをつかんでおいしさが長持ち！

ほのかな甘みを堪能

冷蔵
3日

冷凍
2週間

冷蔵
3日

冷凍
NG

かつお節を混ぜると水っぽくなりにくい

さやいんげんのごまあえ

材料（4人分）

さやいんげん …… 20本（200g）

A
砂糖、しょうゆ …… 各大さじ1
水 …… 大さじ½
すりごま（白） …… 大さじ3
かつお節 …… 小1パック（2g）

作り方

1 フライパンにさやいんげん、水½カップ、塩小さじ¼（ともに分量外）を入れて中火にかけ、煮立ったらふたをして2分ほど蒸しゆでにする。冷水に30秒さらして水けをふき、3等分の長さに切る。

2 ボウルにAを入れて混ぜ合わせ、**1**の水けをふいてから加えてあえる。

食べ出したら止まらない

スナップえんどうの白だし漬け

材料（4人分）

スナップえんどう …… 20さや（200g）

A
水 …… 1カップ
白だし …… 大さじ1

作り方

1 スナップえんどうは筋とヘタを取る。

2 フライパンに**1**、水½カップ、塩小さじ¼（ともに分量外）を入れて中火にかけ、ふたをして2分ほど蒸しゆでにする。冷水に30秒さらして水けをきる。

3 清潔な保存容器にAを合わせ、**2**を加えて冷蔵庫で2時間以上おく。

これだけ覚えて！

 冷水にさらすのはシャキシャキの食感を残すためです。ただ、さらしすぎるとうまみが逃げて水っぽくなるので時間を守って。

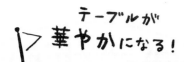

冷蔵
3日

冷凍
NG

野菜の甘みとマリネ液の酸味が絶妙！

W緑の豆とサーモンの
マスタードマリネ

材料（4人分）

さやいんげん …… 12本（120g）
スナップえんどう …… 10さや（100g）
スモークサーモン …… 4〜5枚（50g）

A
| 砂糖 …… 小さじ½
| 塩 …… 小さじ¼
| フレンチマスタード …… 大さじ½
| 酢 …… 大さじ1
| サラダ油 …… 大さじ2

作り方

1 さやいんげんは3等分の長さに切る。スナップえんどうは筋とヘタを取る。フライパンに入れ、水½カップ、塩小さじ¼（ともに分量外）を加えて中火にかけ、煮立ったらふたをして2分ほど蒸しゆでにする。冷水に20秒さらして水けをふく。

2 スモークサーモンは食べやすい大きさに切る。

3 ボウルにAを順に入れてよく混ぜ合わせ、1、2を加えてあえ、冷蔵庫で2時間以上おく。

濃厚なあえ衣だけど豆腐だからヘルシー！

スナップえんどうの
中華風白あえ

材料（2人分）

スナップえんどう …… 15さや（150g）
木綿豆腐 …… 小1丁（150g）
塩 …… 少々

A
| 鶏ガラスープの素 …… 大さじ½
| ごま油 …… 大さじ1
| 粗びき黒こしょう …… 少々

作り方

1 豆腐は粗くくずしてペーパータオルの上にのせ、5分おく。

2 スナップえんどうは筋とヘタを取り、さっと水にくぐらせる。耐熱皿に重ならないように並べて塩をふり、ふんわりとラップをかけて電子レンジで2分加熱する。冷水に30秒さらして水けをふく。

3 ボウルに水けをきった1、Aを入れて混ぜ合わせ、2を半分に割って加えてあえる。

★ 禁断の
たらこバター

タルタルソースがたっぷり

〈さやいんげん・スナップえんどう〉

おつまみにもお弁当のおかずにも！

さやいんげんの
たらこバター炒め

材料（2人分）

さやいんげん …… 12本（120g）
甘塩たらこ …… 小½腹（30g）
バター …… 5g
酒 …… 大さじ1
しょうゆ …… 小さじ1

作り方

1 さやいんげんは斜め3等分の長さに切る。たらこはキッチンばさみで粗く刻む。

2 フライパンにバターを中火で熱し、**1**のさやいんげんを2〜3分炒める。酒を加え、ふたをして2分ほど蒸し焼きにする。

3 たらこを加えて炒め合わせ、しょうゆで味をととのえる。

ブラックオリーブの風味が good！

スナップえんどうの
タルタルサラダ

材料（2人分）

スナップえんどう …… 15さや（150g）
ゆで卵 …… 2個
ブラックオリーブ（薄切り・種なし）…… 1パック（25g）
塩 …… 少々
A｜マヨネーズ …… 大さじ2
　｜塩、こしょう …… 各少々

作り方

1 スナップえんどうは筋とヘタを取り、さっと水にくぐらせる。耐熱皿に重ならないように並べて塩をふり、ふんわりとラップをかけて電子レンジで2分加熱する。冷水に30秒さらして水けをふく。

2 ゆで卵とブラックオリーブは粗く刻み、ボウルに入れて A と混ぜ合わせる。

3 **1**を斜め半分に切り、**2**に加えてあえる。

そら豆はうっすらうぶ毛が生えていて、さやにツヤがあるもの、豆のふくらみがわかるものが新鮮。鮮度が落ちやすいので購入後はすぐ調理を。

おいしく食べきるコツ!

旬

枝豆
6〜8月

そら豆
4〜6月

枝豆はうぶ毛が立っていて鮮やかな緑色が◎。さやがふっくらとしているものが、実が詰まっていて大きく味も濃い。

冷凍保存のコツ

枝豆は塩ゆでしてから冷凍
レンジ解凍ですぐ食べられる

冷凍
1か月

洗ってさやの片方の端をキッチンばさみで切り落とし、塩もみにしてかためにゆでます。冷ましてチャック付き保存袋に入れ、空気を抜いて冷凍を。レンジ解凍して食べます。

冷凍保存のコツ

そら豆は蒸しゆでしてから冷凍
レンジ解凍ですぐ食べられる

冷凍
3週間

皮の黒い部分と反対側に切り目を入れ、水と塩と一緒にフライパンで2分蒸しゆでに。冷ましてチャック付き保存袋に入れ、空気を抜いて冷凍を。レンジ解凍して食べます。

おいしい!調理のコツ

フライパンでただ焼くのがベスト

そら豆はさやから出すとすぐに鮮度が落ちてしまうので、さやごと買うのがベスト。手っ取り早く食べるなら、フライパンで両面が焦げるくらいまで弱めの中火でじっくり焼くのがおすすめ。ホクホク感が楽しめます。

弱めの中火でじっくり

無限に食べられる

冷蔵
3〜4日

冷凍
2週間

コンソメジュレでキラキラ☆

冷蔵
3日

冷凍
NG

〈枝豆・そら豆〉

オイスターソースをたっぷり吸わせて

枝豆の
オイスターソースがらめ

材料（作りやすい分量）

枝豆（さや付き） …… 2パック（600g）

A
| オイスターソース …… 大さじ3
| しょうゆ …… 小さじ1

作り方

1 枝豆はさっと洗い、さやの片方の端をキッチンばさみで切り落とす。塩大さじ2（分量外）をまぶし、塩が溶けるまでよくもみ込む。

2 フライパンに湯4カップ（分量外）を沸かし、沸騰したら**1**を加えて弱めの中火で4〜5分ゆで、水けをよくきる。

3 **2**が熱いうちに**A**を加えてなじませ、粗熱がとれたら冷蔵庫で3時間以上おく。

もっと知りたい！

お好みでごま油や粗みじん切りにしたにんにくを加えるとさらにコクがアップします。

面倒だけど薄皮を取るとおいしさアップ

枝豆の濃厚ムース

材料（180mℓのプリンカップ6個分）

ゆで枝豆（さやから出して薄皮をむく・冷凍可）…… 150g（正味）

A
| 水 …… 250mℓ
| 顆粒コンソメスープの素
| …… 小さじ2
| しょうゆ …… 小さじ1
| 粉ゼラチン …… 5g
| （水大さじ1でしとらせる）

B
| 無調整豆乳 …… 200mℓ
| 塩 …… 小さじ¼

C
| 水 …… 100mℓ
| 顆粒コンソメスープの素
| …… 大さじ½
| 粉ゼラチン …… 7g
| （水大さじ2でしとらせる）

作り方

1 耐熱容器に**A**の粉ゼラチン以外を入れて混ぜ、ラップをかけずに電子レンジで1分加熱し、粉ゼラチンを加えて混ぜ溶かす。粗熱がとれたら冷蔵庫で3時間冷やしかためる。

2 フードプロセッサーに枝豆、**B**を入れて1分攪拌する。

3 別の耐熱容器に**C**の粉ゼラチン以外を入れて混ぜ、ラップをかけずに電子レンジで1分加熱し、粉ゼラチンを加えて混ぜ溶かす。**2**に加えて1分攪拌し、器に等分に注いで冷蔵庫で1時間冷やしかためる。

4 **1**をフォークでくずして等分にのせ、お好みで枝豆（分量外）を飾り、2時間冷やしかためる。

カリカリおつまみ！

カルシウムたっぷりで栄養満点！

枝豆のおつまみ揚げ

材料(2人分)

ゆで枝豆(さやから出して薄皮をむく・冷凍可)
　…… 150g(正味)
ちりめんじゃこ …… 大さじ3
しょうゆ …… 小さじ1
A｜薄力粉、水 …… 各大さじ3
サラダ油 …… 適量

作り方

1 ボウルに枝豆、ちりめんじゃこ、しょうゆを入れて混ぜ、Aを加えて混ぜる。

2 フライパンにサラダ油を1cm深さまで入れて中火で熱し、1をスプーンですくい入れ、カリッとするまで3〜4分揚げ焼きにし、油をよくきる。

薄皮ごと食べられるのです!!

香ばしく焼き色をつけてから蒸し焼きにします

焼きそら豆カレー風味

材料(2〜3人分)

そら豆(皮付き) …… 10さや(約30粒・正味150g)
オリーブオイル …… 大さじ1
塩 …… 小さじ¼
カレー粉 …… 少々

作り方

1 そら豆はさやから取り出す。

2 フライパンにオリーブオイルをひいて1を重ならないように並べ入れる。弱めの中火で2分ほど焼いて焼き色がついたら裏返す。塩、水大さじ2(分量外)をふり入れ、ふたをして弱めの中火で5〜6分蒸し焼きにする。

3 器に2を盛ってカレー粉をふり、お好みでレモンのくし形切りを添える。

豆の味が濃ゆ〜い！

なんともいえない豆の味！

〈枝豆・そら豆〉

もっと早く知りたかった絶品レシピ

枝豆のフライパン蒸し焼き

材料（2〜3人分）

枝豆（さや付き）…… 1パック（300g）
オリーブオイル …… 小さじ1
Ａ｜水 …… ¼カップ
　｜塩 …… 小さじ½〜⅔

作り方

1 枝豆はさっと洗い、さやの片方の端をキッチンばさみで切り落とす。塩大さじ1（分量外）をまぶして塩が溶けるまでよくもみ込み、よく洗って水けをきる。

2 フライパンにオリーブオイルをひいて**1**を重ならないように並べる。Ａを加えて中火にかけ、煮立ったら弱めの中火でふたをし、5分ほど蒸し焼きにする。ふたを取り、火を強めて水けをとばす。

もっと知りたい！

よりコクうまにしたい場合は、オリーブオイルの代わりにごま油を使って蒸し焼きにしてください。

水を加えてレンチンすればホクホクに

そら豆の濃厚ディップ

材料（2人分）

そら豆（皮付き）…… 10さや（約30粒・正味150g）
クリームチーズ（個包装タイプ）…… 2個
塩 …… 少々
水 …… 大さじ2
Ａ｜マヨネーズ、オリーブオイル …… 各大さじ½
　｜しょうゆ …… 小さじ1
　｜こしょう …… 少々
クラッカー …… 適量

作り方

1 そら豆はさやから取り出し、黒い部分と反対側に切り目を入れ、薄皮をむく。

2 耐熱容器に**1**を入れて塩、水をふりかけ、ふんわりとラップをかけて電子レンジで2分加熱する。

3 **2**をフォークで粗くつぶし、手でちぎったクリームチーズ、Ａを加えてよく混ぜる。器に盛り、クラッカーを添える。

おいしく食べきるコツ！

旬
6〜8月

大きく育ちすぎていると筋っぽくて味がよくないので、長さが6〜7cmのものを選んで。

表面を覆っているうぶ毛がびっしり生えているものが新鮮。全体が鮮やかな緑色でガクは黒ずんでいないものがよい。

オクラ

冷蔵保存のコツ

ペーパータオルで包み、ポリ袋に入れて保存

冷蔵
4〜5日

乾燥と低温に弱いので、数本まとめてペーパータオルで包んでからポリ袋に入れて野菜室で保存します。

冷凍保存のコツ

塩ずりしてガクをむいたら丸ごとorカットして冷凍

冷凍
1か月

塩ずりして水で洗い流し、水けをふいてヘタを取ってガクをむきます。丸ごとまたは小口切りにしてラップで包み、チャック付き保存袋に入れ、空気を抜いて冷凍を。

おいしい！調理のコツ

ネットごと洗えばうぶ毛が取れる

網ネットに入っているオクラなら、そのまま塩をふりかけて両手でこすり合わせ、水で洗い流せばOK。こうするだけでうぶ毛やトゲが取れるうえ、塩をまぶしてあるので火を通した後も色よく仕上がります。

塩をふりかけ

こすり合わせる

キンキンに冷やして ☆

✦ 手間ナシ作りおき

| 冷蔵 3〜4日 | 冷凍 NG |

| 冷蔵 3日 | 冷凍 NG |

しみうま加減が最高！

オクラの
ゆずこしょうだし漬け

材料（4人分）

オクラ …… 12本（120g）

A
だし汁 …… 1カップ
酒、みりん …… 各大さじ½
塩 …… 小さじ⅓

ゆずこしょう …… 小さじ¼

作り方

1 鍋に A を入れて中火で煮立て、清潔な保存容器に移して冷ましておく。

2 オクラは塩小さじ1（分量外）をまぶして手でこすり合わせ、洗い流して水けをきる。ヘタを取り、ガクをぐるりとむく。沸騰した湯で1分ほどゆで、冷水にとって水けをよくきる。

3 1 にゆずこしょうを加えて混ぜ、2 も加えて落としラップをし、冷蔵庫で2時間以上おく。

〈オクラ〉

翌日はもっとトロトロしておいしい

輪切りオクラの
ピリ辛めんつゆ漬け

材料（作りやすい分量）

オクラ …… 16本（160g）

A
めんつゆ（3倍濃縮） …… ¼カップ
水 …… ¾カップ
ラー油 …… 少々

作り方

1 オクラは塩小さじ1（分量外）をまぶして手でこすり合わせ、洗い流して水けをきる。ヘタを取り、ガクをぐるりとむく。沸騰した湯で1分ほどゆで、冷水にとって水けをよくきり、1cm幅の輪切りにする。

2 清潔な保存容器に A を入れて混ぜ合わせ、1 を加えて落としラップをし、冷蔵庫で1時間以上おく。

もっと知りたい！

炊きたてのごはんにのせたり、冷やしうどんやそばにたっぷりかけて食べてください。パスタソースにしてもおいしいです。

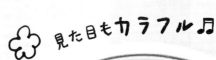

プラス塩麹でおなか快調

見た目もカラフル♬

下ゆではレンジでササッと完了

オクラの塩麹わさびあえ

材料（2人分）

オクラ …… 10本（100g）

A　塩麹 …… 小さじ2
　　練りわさび（チューブ）…… 1cm

作り方

1 オクラは塩小さじ1（分量外）をまぶして手でこすり合わせ、洗い流して水けをきる。ヘタを取ってガクをぐるりとむき、縦半分に切る。

2 耐熱容器に**1**を入れ、ふんわりとラップをかけて電子レンジで1分30秒加熱する。

3 **2**に**A**を加えてあえる。

ねばとろの食感はやみつき！

たたきオクラとまぐろの
タルタル

材料（2〜3人分）

オクラ …… 8本（80g）
まぐろ（刺身用）…… 200g
うずら卵 …… 1個

A　マヨネーズ …… 大さじ2
　　赤じそ風味ふりかけ …… 小さじ1
B　しょうゆ、ごま油 …… 各小さじ2

作り方

1 オクラは塩小さじ½（分量外）をまぶして手でこすり合わせ、洗い流して水けをきる。ヘタを取り、ガクをぐるりとむく。

2 耐熱容器に**1**を入れ、ふんわりとラップをかけて電子レンジで1分加熱する。冷水にとって水けをきり、包丁で粗くたたいて**A**と混ぜる。

3 まぐろは包丁で粗くたたいて**B**とあえる。器に盛り、**2**、うずら卵を割ってのせる。

サラダチキンとも合う!

子どもが好きなコーン入り

ポン酢しょうゆとごまであえるだけ

オクラとサラダチキンの
ポン酢あえ

材料(2人分)

オクラ …… 8本(80g)
サラダチキン(市販) …… 100g

Ⓐ ポン酢しょうゆ …… 大さじ2
いりごま(白) …… 大さじ½

作り方

1 オクラは塩小さじ½(分量外)をまぶして手でこすり合わせ、洗い流して水けをきる。ヘタを取ってガクをぐるりとむき、斜め2〜3等分に切る。

2 耐熱容器に**1**を入れ、ふんわりとラップをかけて電子レンジで1分加熱し、冷水にとって水けをよくきる。

3 サラダチキンは手で食べやすい大きさにさいて**2**に加え、Ⓐも加えてあえる。

お弁当のおかずにもおすすめ!

オクラとコーンの
カレーソース炒め

材料(2人分)

オクラ …… 12本(120g)
ホールコーン缶 …… 大さじ3(45g)
サラダ油 …… 大さじ½

Ⓐ 酒 …… 大さじ1
ウスターソース …… 大さじ½
カレー粉 …… 小さじ½
塩、こしょう …… 各少々

作り方

1 オクラは塩小さじ1(分量外)をまぶして手でこすり合わせ、洗い流して水けをきる。ヘタを取ってガクをぐるりとむき、縦半分に切る。

2 コーン缶は缶汁をきる。

3 フライパンにサラダ油を中火で熱し、**1**を焼く。全体に少し焼き色がついたら**2**を加えて1分ほど炒め合わせ、Ⓐで加えて全体にからめる。

〈オクラ〉

おいしく食べきるコツ！

旬　1年中

もやしは茎が太く、色が白くてハリとツヤがあるもの、根は白くて透明感があり、短めのものが新鮮。豆付きの場合は豆が開いていたり、黒ずんできているものはNG。

豆苗は芽は鮮やかな緑色でしっかり開いているもの、ツヤとハリのあるものが◎。根切りタイプより根付きタイプのほうが日持ちします。

冷蔵保存のコツ

もやしはひたひたの水に浸して鮮度をキープ

冷蔵
3〜4日

保存容器にもやしを入れ、ひたひたの水を注いでふたを冷蔵室で保存します。2日に1回水を取り替えてください。豆苗は未開封のまま立てて冷蔵室で保存を。

冷凍保存のコツ

水けをよくふいて生のまま保存袋で冷凍

冷凍
2週間

もやしは洗って水けをよくふき、チャック付き保存袋に入れ、空気を抜いて冷凍を。豆苗は根元を切り落としてカットし、同様に冷凍します。凍ったまま炒めものやスープに。

おいしい！調理のコツ

ひげ根は切らなくてもOK

もやしのひげ根には食物繊維が本体部分より多く含まれます。食感や見た目が気にならなければ、根は切らずにそのまま調理しましょう。スーパーでは根切りもやしも売っていますが、少し水っぽく仕上がることもあります。

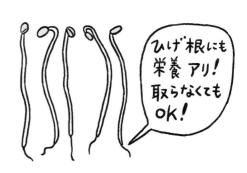

ひげ根にも栄養アリ！取らなくてもOK！

絶妙なシャキシャキ感！

お手軽なレンジ4で！

冷蔵
3日　冷凍
NG

冷蔵
2～3日　冷凍
NG

塩、酢を加えて蒸しゆでにするとおいしさ長持ち

豆もやしのナムル

材料（4人分）

豆もやし …… 2袋（400g）
塩、酢 …… 各少々
A
　鶏ガラスープの素 …… 小さじ2
　にんにく（すりおろし）…… ½かけ
　塩、こしょう …… 各少々
　ごま油 …… 大さじ2

作り方

1 鍋にもやしを入れ、もやしの半量くらいまで水を注ぎ、塩、酢を加える。強火にかけ、煮立ったら弱火にしてふたをし、4～5分蒸しゆでにする。

2 1をざるにあげ、粗熱がとれたら水けをしぼる。

3 ボウルにAを入れて混ぜ合わせ、2を加えてあえる。

これだけ覚えて！

ナムルは冷水にとると水っぽくなるので、ざるにあげて粗熱がとれたら水けをしぼり、調味料とあえてください。

ザーサイのうまみですぐなくなりそう！

豆苗のザーサイナムル

材料（4人分）

豆苗 …… 2パック（500g）
ザーサイ（味付き）…… 30g
A
　塩 …… 小さじ¼
　しょうゆ …… 小さじ1
　こしょう …… 少々
　ごま油 …… 大さじ2

作り方

1 豆苗は根元を切り落とし、3等分の長さに切る。耐熱容器に入れ、ふんわりとラップをかけて電子レンジで3分加熱し、ざるにあげて水けをきり、粗熱をとる。

2 ザーサイは粗く刻む。

3 1に2、Aを加えてあえる。

〈もやし・豆苗〉

ハムの塩けが
よく合う！

モリモリ食べられる！

オイスターソース入りのコクうま仕上げ

もやしとハムの中華あえ

材料(2人分)

緑豆もやし …… 1袋(200g)

スライスハム …… 2枚

A
オイスターソース、鶏ガラスープの素
　…… 各小さじ1
ごま油 …… 大さじ1
塩、こしょう …… 各少々

作り方

1 耐熱容器にもやしを入れ、ふんわりとラップをかけて電子レンジで3分加熱する。ざるにあげ、粗熱がとれたら水けをしぼる。

2 ハムは半分に切ってから1cm幅に切る。

3 ボウルにAを入れて混ぜ合わせ、1、2を加えてあえる。

少し時間がたってなじんでもおいしい！

生豆苗とツナのポン酢サラダ

材料(2人分)

豆苗 …… 1パック(250g)

ツナ油漬け缶 …… 1缶(70g)

A
ポン酢しょうゆ …… 大さじ1
砂糖 …… 小さじ¼
塩、こしょう …… 各少々
オリーブオイル …… 小さじ2

作り方

1 豆苗はキッチンばさみで根元を切り落とし、3等分の長さに切る。

2 ツナ缶は中身と缶汁を分け、缶汁はAと混ぜ合わせておく。

3 2のたれに1、2のツナ缶の中身を加えてあえる。

ごはんのお供にも！♪

おかずになるサラダ♬

磯の香りが淡泊なもやしにマッチ！

もやしのピリ辛のり佃煮あえ

材料（2人分）

緑豆もやし ····· 1袋（200g）

A
| のり佃煮 ····· 大さじ2
| ごま油 ····· 大さじ1
| 塩 ····· 少々
| 一味唐辛子 ····· 適量

作り方

1 耐熱容器にもやしを入れ、ふんわりとラップをかけて電子レンジで3分加熱する。ざるにあげ、粗熱がとれたら水けをしぼる。

2 ボウルにAを入れて混ぜ合わせ、1を加えてあえる。

お財布にもやさしい組み合わせ

もやしと鶏ささみの カレーマヨサラダ

材料（2人分）

緑豆もやし ····· 1袋（200g）

鶏ささみ（筋なし）····· 2本（100g）

A
| 酒 ····· 大さじ1
| 塩、こしょう ····· 各少々

B
| マヨネーズ ····· 大さじ2
| しょうゆ ····· 小さじ1
| カレー粉 ····· 小さじ½

作り方

1 鶏ささみは楊枝で数か所穴をあけてから耐熱皿にのせる。Aをふってふんわりとラップをかけて電子レンジで2分加熱する。そのまま冷まし、粗熱がとれたら、手で食べやすくさく。

2 耐熱容器にもやしを入れ、ふんわりとラップをかけて電子レンジで3分加熱する。ざるにあげ、粗熱がとれたら水けをしぼる。

3 ボウルにBを入れて混ぜ合わせ、1、2を加えてあえる。

〈 も や し ・ 豆 苗 〉

124

味つけは上品な白だし！

めん不要☆

パパッと作れるスピードおかず

もやしの焼きそば風炒め

材料（2人分）

緑豆もやし …… 1袋（200g）
ウインナー …… 2本
サラダ油 …… 大さじ1
塩、こしょう …… 各少々
A｜ウスターソース …… 大さじ2
　｜めんつゆ（3倍濃縮）…… 大さじ½

作り方

1 ウインナーは斜め4等分に切る。

2 フライパンにサラダ油を中火で熱し、**1**を炒める。カリッとしてきたら、もやしを加えて塩、こしょうをふって炒める。

3 **A**で調味してさっと炒め合わせる。器に盛り、お好みでかつお節、青のり粉をかけ、紅しょうがを添える。

包丁を使わなくてもできちゃう！

豆苗とかに風味かまぼこの
白だしあえ

材料（2人分）

豆苗 …… 1パック（250g）
かに風味かまぼこ …… 2〜3本
A｜白だし …… 小さじ2
　｜すりごま（白）…… 大さじ1

作り方

1 豆苗はキッチンばさみで根元を切り落とし、3等分の長さに切る。耐熱容器に入れ、ふんわりとラップをかけて電子レンジで1分30秒加熱し、ざるにあげて水けをきる。

2 かに風味かまぼこは手でさく。

3 **1**に**2**、**A**を加えてあえる。

ビールの相棒に決まり☆

忙しい日のあと1品に!

コンビーフに少し焼き色をつけるのがポイント

もやしのコンビーフ炒め

材料(2人分)

緑豆もやし …… 1袋(200g)
コンビーフ …… ½缶(40g)
サラダ油 …… 小さじ2
A | しょうゆ …… 大さじ½
   | にんにく(すりおろし)、塩、こしょう …… 各少々

作り方

1 コンビーフは粗くほぐす。

2 フライパンにサラダ油を中火で熱し、**1**を炒める。少し焼き色がついたら、もやしを加えて火を強めて炒め合わせる。

3 **A**で調味し、全体にからめる。

さば缶入りで栄養もボリュームも満点!

豆苗のさば缶炒め

材料(2人分)

豆苗 …… 1パック(250g)
さば水煮缶 …… 1缶(190g)
サラダ油 …… 大さじ½
しょうが(すりおろし) …… ½かけ
A | 酒 …… 大さじ1
   | しょうゆ …… 小さじ2
   | 片栗粉、水 …… 各小さじ1
   | こしょう …… 少々

作り方

1 豆苗はキッチンばさみで根元を切り落とし、3等分の長さに切る。さば缶は缶汁をきる。

2 フライパンにサラダ油を中火で熱し、**1**のさば缶、しょうがを入れて粗くほぐしながら炒める。

3 **1**の豆苗を加えて炒め合わせ、混ぜ合わせた**A**を加え、全体にさっと炒め合わせる。

〈もやし・豆苗〉

126

おいしく食べきるコツ！

旬 1年中

葉の切り口が小さくて変色していないものが新鮮。皮の表面はなめらかでひげ根が少なく、ひび割れがないものを選んで。

手で持ったときにずっしりと重いものが◎。色は鮮やかな濃いオレンジ色だと栄養価が高く、甘くておいしい。

〔 冷蔵保存のコツ 〕

水分をよくふき取り
ポリ袋に入れて立てて保存

冷蔵 2週間

ペーパータオルで包んでからポリ袋に入れ、冷蔵室で立てて保存します。水分がついていると腐りやすいので3〜4日に1回ペーパータオルの交換を。

〔 冷凍保存のコツ 〕

細切りにして生のまま冷凍
凍ったまま炒めものに

冷凍 1か月

洗って水けをよくふいて細切りにしてから、使う分ずつラップで包み、チャック付き保存袋に入れ、空気を抜いて冷凍します。凍ったままきんぴらやしりしりに使えます。

おいしい！調理のコツ

スライサーを使うと栄養効率アップ

にんじんは油と一緒にとるとβ-カロテンの吸収率がアップします。スライサーやピーラーなどでにんじんを削ると、かたい細胞壁からβ-カロテンが外に出やすくなるので、栄養をとりたい場合はよりおすすめです。

β-カロテンの 吸収率 アップ

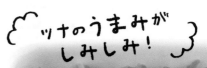

作りおき　大量消費　切るだけ

作りおき　大量消費

ひと晩おくともっとおいしい！

ツナのうまみが
しみしみ！

冷蔵
4〜5日　冷凍
2週間

冷蔵
4〜5日　冷凍
2週間

パンにはさんでサンドイッチにしても◎

キャロットラペ

材料（4人分）

にんじん …… 大2本（400g）
塩 …… 小さじ1

A
　砂糖 …… ふたつまみ
　こしょう …… 少々
　レモン汁（または酢）…… 大さじ1
　オリーブオイル …… 大さじ3

〈にんじん〉

作り方

1 にんじんはせん切りにする。塩を全体にまぶして10分おき、もみ込んでから水けをよくしぼる。

2 ボウルに**A**を順に入れて混ぜ合わせる。

3 **2**に**1**を加えてあえ、冷蔵庫で2時間以上おく。

もっと知りたい！

ナッツやレーズンを加えて食感の違いを楽しんだり、粒マスタードやクミンシードを足して味変するのもおすすめです。

さば缶や鮭缶でもおいしく作れます

にんじんとツナのしりしり

材料（4人分）

にんじん …… 2本（300g）
ツナ油漬け缶 …… 2缶（140g）
サラダ油 …… 大さじ1

A
　酒 …… 大さじ1
　顆粒和風だしの素 …… 小さじ1
　しょうゆ …… 大さじ1と½
　塩、こしょう …… 各少々

作り方

1 にんじんはしりしり器やスライサーなどでせん切りにする。ツナ缶は缶汁をきる。

2 フライパンにサラダ油を中火で熱し、**1**のにんじんを2〜3分炒める。

3 油がまわってしんなりしてきたら、ツナを加えて1〜2分炒める。**A**を順に加えて汁けがなくなるまで炒め合わせる。

128

包丁いらず！火も使わない！

冷蔵
3〜4日

冷凍
NG

クセになる
歯ごたえ

冷蔵
4〜5日

冷凍
NG

ピーラーで削れば火の通りも早い

ピーラーにんじんのナムル

材料(4人分)

にんじん …… 2本(300g)

A
| 塩 …… 小さじ½
| しょうゆ …… 小さじ1
| にんにく(すりおろし) …… ½かけ

ごま油、すりごま(白) …… 各大さじ2

作り方

1 にんじんはピーラーで細長いリボン状に薄く削る。

2 耐熱容器に**1**を入れてふんわりとラップをかけ、電子レンジで3分加熱する。

3 **2**が熱いうちに**A**を加えて混ぜ、ごま油、すりごまを加えてあえる。

漬けておけばいつでも食べられる！

にんじんのみそ漬け

材料(4人分)

にんじん …… 2本(300g)

A
| みそ …… 大さじ2
| みりん、砂糖 …… 各大さじ1

作り方

1 にんじんは1cm角×4cm長さの棒状に切る。

2 チャック付き保存袋に**A**を入れてもみ混ぜる。

3 **2**に**1**を入れて軽くもみ、袋の空気を抜いてとじ、冷蔵庫で3時間以上おく。

にんじんがあま〜い！

冷蔵
4日

冷凍
NG

プチプチの食感が楽しい♪

〈にんじん〉

じっくり焼いて甘みを引き出します

焼きにんじんのマリネ

材料（4人分）

にんじん …… 2本（300g）
サラダ油 …… 大さじ1
塩、こしょう …… 各少々
A | 酢、しょうゆ …… 各大さじ2
　| 砂糖 …… 大さじ½

作り方

1 清潔な保存容器にAを入れて混ぜ合わせる。

2 にんじんは5mm厚さの輪切りにする。

3 フライパンにサラダ油を中火で熱し、**2**を入れて塩、こしょうをふり、ときどき上下を返しながら両面に焼き色がつくまで4〜5分焼く。焼けたものから**1**に加えてなじませ、粗熱がとれたら冷蔵庫で1時間以上おく。

お弁当につめれば栄養バランスもアップ！

にんじんの明太子炒め

材料（2人分）

にんじん …… 1本（150g）
辛子明太子 …… ½腹（50g）
小ねぎ（小口切り） …… 1〜2本
ごま油 …… 大さじ½
酒 …… 大さじ1
しょうゆ …… 小さじ1

作り方

1 にんじんは4〜5cm長さの短冊切りにする。明太子はキッチンばさみで粗く刻む。

2 フライパンにごま油を中火で熱し、**1**のにんじんを炒める。しんなりしてきたら酒、明太子を加えて1〜2分炒め合わせる。

3 小ねぎを加えてさっと炒め、しょうゆで調味して全体にからめる。

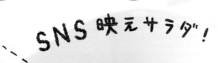

リボン状に切るとドレッシングがよくからむ

ピーラーにんじんの
チーズサラダ

材料(2人分)

にんじん …… 1本(150g)
プロセスチーズ
（個包装タイプ）…… 2個

A
砂糖 …… 小さじ1
塩 …… 小さじ¼
こしょう …… 少々
粒マスタード
…… 小さじ2
酢 …… 小さじ1
オリーブオイル
…… 大さじ1と½

作り方

1 にんじんはピーラーで細長いリボン状に薄く削る。

2 プロセスチーズは8mm角に切る。

3 ボウルにAを順に入れて混ぜ合わせ、1、2を加えてあえる。

面倒なら輪切りでも乱切りでも OK !

にんじんの塩バター煮

材料(2人分)

にんじん …… 1本(150g)
砂糖 …… 大さじ½

A
顆粒コンソメスープの素 …… 小さじ½
塩 …… 小さじ¼

水 …… 大さじ1
バター …… 10g

作り方

1 にんじんは5cm長さのシャトー切り（縦4〜6等分に切り、面取りをしてフットボール形）にする。

2 耐熱容器に1を入れ、砂糖をまぶして5分おく。

3 2にAをからめてから水をまわしかけ、バターをちぎってのせる。ふんわりとラップをかけて電子レンジで2分加熱し、上下を返して同様に2分加熱する。

これだけ覚えて！

にんじんは太いほうから細いほうに向かって回転させながらリボン状に削ります。削りにくくなった部分はみそ汁などに使って。

ちょっぴりのわさびがいい

懐かしいあの味!

ワンプレートごはんの彩りにも!

にんじんのごまマヨあえ

材料(2人分)

にんじん …… 1本(150g)

A
- マヨネーズ …… 大さじ1と½
- すりごま(白) …… 大さじ1
- しょうゆ …… 小さじ1
- 練りわさび(チューブ) …… 3cm

作り方

1 にんじんはスライサーで薄い輪切りにする。

2 耐熱容器に**1**を入れて水大さじ1(分量外)をふり、ふんわりとラップをかけ、電子レンジで3分加熱し、粗熱をとる。

3 **2**の汁けをきり、**A**を加えてあえる。

これだけ覚えて!

レンジゆでの場合、あらかじめ、にんじんに水をふりかけてから加熱するとしっとり仕上がります。

しょうゆ入りでごはんとの相性も抜群

にんじんとウインナーの
ナポリタン風炒め

材料(2人分)

にんじん …… 1本(150g)

ウインナー …… 3本

サラダ油 …… 小さじ2

A
- トマトケチャップ …… 大さじ1と½
- しょうゆ …… 小さじ1

粉チーズ …… 適量

作り方

1 にんじんは7mm幅×5cm長さの細切りにする。ウインナーは斜め薄切りにする。

2 フライパンにサラダ油を中火で熱し、ウインナー、にんじんの順に炒める。

3 にんじんがしんなりしてきたら、混ぜ合わせた**A**を加えて汁けをとばしながら炒め合わせる。器に盛り、粉チーズ、お好みでドライパセリをかける。

〈にんじん〉

おいしく食べきるコツ！

太くて重く、まっすぐなものがおいしい証拠。皮はハリがあって白く、ひげ根が少ないものがおすすめ。

旬
11～3月

カットされたものは、切り口が乾燥したり黒ずんだりしているものはNG。葉付きの場合、葉は鮮やかな緑色でみずみずしいものを選んで。

冷蔵保存のコツ

乾燥を防ぐために湿らせたペーパータオルで包んで保存

冷蔵
1週間

大根は2～3等分に切り、湿らせたペーパータオルで包んでからポリ袋に入れ、冷蔵室で保存します。葉はペーパータオルで包んでから同様に保存します。

冷凍保存のコツ

大根おろしにして冷凍解凍して使える

冷凍
3週間

すりおろしてざるであげて水けをきり、使う分ずつラップで包んでからチャック付き保存袋に入れ、冷凍します。使うときは30分～1時間、室温で解凍すればOK！

おいしい！調理のコツ

料理に応じて部位を使い分け

大根の上部は水分が多くて甘みが強いのでサラダやマリネ、大根おろしに向いています。中部は甘みと辛みのバランスがよいので煮ものやおでん、ステーキに。下部は水分が少なく辛みがあるので、漬けものやみそ汁などがおすすめです。

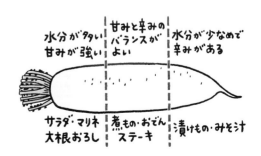

水分が多い甘みが強い｜甘みと辛みのバランスがよい｜水分が少なめで辛みがある

サラダ・マリネ 大根おろし｜煮もの・おでん ステーキ｜漬けもの・みそ汁

あっさりなのにやみつき!

冷蔵
4日

冷凍
NG

カリッ!ポリッ!

冷蔵
1週間

冷凍
NG

塩麹で野菜のうまみを引き出します

大根の塩麹漬け

材料（作りやすい分量）

大根 …… ½本（600g）

A ┃ 塩麹 …… 大さじ4
　┃ 酢 …… 大さじ2

作り方

1 大根は皮をむいて1cm角×4cm長さの棒状に切る。

2 チャック付き保存袋に**1**、**A**を入れてもみ混ぜ、袋の空気を抜いてとじ、冷蔵庫で3時間以上おく。

コチュジャンとナンプラーで辛うま仕上げ!

大根のカクテキ風

材料（作りやすい分量）

大根 …… ½本（600g）

塩 …… 小さじ1

A ┃ しょうが（すりおろし）…… 1かけ
　┃ にんにく（すりおろし）…… ½かけ
　┃ コチュジャン …… 大さじ2
　┃ 酢、ナンプラー …… 各大さじ1
　┃ ごま油 …… 小さじ2
　┃ 砂糖 …… 小さじ½

作り方

1 大根は皮をむいて1.5cm角に切り、塩を全体にからめて30分おく。ざるにあげて水けをしぼる。

2 チャック付き保存袋に**A**を入れ、袋の上からよくもみ混ぜる。

3 **2**に**1**を加えてもみ混ぜ、袋の空気を抜いてとじ、冷蔵庫でひと晩おく。

〈大根〉

もっと知りたい!

塩麹漬けは大根以外ににんじん、きゅうり、キャベツ、かぶなどでもおいしい。余った野菜をミックスして漬けても◎。

干さなくても作れる♪

和風ポトフのよう！

冷蔵
1週間

冷凍
NG

冷蔵
3〜4日

冷凍
NG

保存袋と基本調味料さえあればOK！

大根のたくあん風

材料（作りやすい分量）

大根 …… ½本（600g）

A　砂糖 …… 大さじ3
　　塩、酢 …… 各大さじ1

赤唐辛子 …… 1本

作り方

1 大根はよく洗い、皮付きのまま縦4等分に切る。

2 チャック付き保存袋に**1**、**A**を入れてもみ混ぜ、赤唐辛子を加える。袋の空気を抜いてとじ、冷蔵庫で2日以上おく。ときどき上下を返すとよい。

昆布とベーコンのうまみがしみしみ

輪切り大根のベーコン煮

材料（4人分）

大根 …… ½本（600g）

ブロックベーコン …… 100g

板昆布（乾燥） …… 2cm四方×2枚

A　水 …… 4カップ
　　酒 …… ½カップ
　　塩 …… 小さじ1

作り方

1 大根は2cm厚さの輪切りにし、皮をむいて断面に十字に浅く切り込みを入れ、面取りもする。耐熱容器に入れて水大さじ3（分量外）をふり、ふんわりとラップをかけて電子レンジで6分加熱する。

2 ベーコンは8〜10等分に切る。

3 鍋に**A**、**1**、**2**を入れて中火にかけ、煮立ったらアクを取り、ふたをずらしてのせ、弱めの中火で竹串がスッと通るまで20分ほど煮る。

おしゃれな作りおき

リッチなサラダ

冷蔵
3〜4日

冷凍
NG

白だしを使ったあっさり和風仕立て

大根と生ハムの和風マリネ

材料(4人分)

大根 …… ¼本(300g)
生ハム …… 6枚(45g)
塩 …… 小さじ½

A
砂糖 …… 小さじ2
白だし …… 小さじ2
酢 …… 大さじ2
オリーブオイル …… 大さじ2

作り方

1 大根は皮をむいてスライサーで薄い輪切りにし、塩をふってもみ込み、10分おく。

2 生ハムは食べやすい大きさに切る。

3 ボウルにAを順に入れて混ぜ合わせる。1の水けをよくしぼって加えてあえ、生ハムも加えてあえる。

大根はできるだけ太さをそろえて切って

塩もみ大根とほたて缶のマヨサラダ

材料(2人分)

大根 …… 5cm(250g)
ほたて水煮缶 …… 小1缶(70g)
塩 …… 小さじ¼

A
マヨネーズ …… 大さじ2
めんつゆ(3倍濃縮) …… 小さじ1
塩、こしょう …… 各適量

作り方

1 大根は皮をむいて5cm長さの細切りにし、塩をまぶして5分おき、水けをよくしぼる。

2 ほたて缶は缶汁をきる。

3 ボウルにAを入れて混ぜ合わせ、1、2を加えてあえる。

〈大根〉

切るだけ

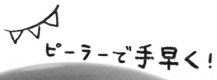
ピーラーで手早く！

フライパン

カリカリのトッピング！

めんつゆとごま油で味が決まる！

ひらひら大根のサラダ

材料(2人分)

大根 …… 7cm(350g)
かに風味かまぼこ …… 2本
塩 …… 小さじ¼
A｜めんつゆ(3倍濃縮) …… 大さじ½
　｜ごま油 …… 大さじ1
　｜青のり粉 …… 小さじ1
　｜塩、こしょう …… 各少々

作り方

1 大根は皮をむき、ピーラーで細長いリボン状に薄く削る。塩をまぶして5分おき、水けをよくしぼる。

2 かに風味かまぼこは手でさく。

3 ボウルにAを入れて混ぜ合わせ、1、2を加えてあえる。

大根は水にさらしてパリッとさせるのがコツ！

大根と油揚げのじゃこサラダ

材料(2人分)

大根 …… 6cm(300g)
ちりめんじゃこ …… 20g
油揚げ …… 1枚
A｜ポン酢しょうゆ …… 大さじ2
　｜ごま油 …… 大さじ½

作り方

1 大根は皮をむいて太めのせん切りにし、水にさらしてパリッとさせ、水けをよくきって器に盛る。

2 油揚げは細切りにする。フライパンにちりめんじゃこを入れ、カリカリになるまでから炒りにしたら取り出す。油揚げもカリッとするまでから炒りにする。

3 1に2をのせ、混ぜ合わせたAをかける。お好みで小口切りにした小ねぎをちらす。

バターしょうゆで食欲アップ♪

★ ごはんが何杯でも
イケる!

まるで鍋で煮込んだような味わい

大根とひき肉の甘辛煮

材料(2人分)

大根 …… 6cm(300g)
豚ひき肉 …… 100g

A
酒、しょうゆ、オイスターソース …… 各大さじ1
鶏ガラスープの素 …… 小さじ1
砂糖 …… 小さじ¼

作り方

1 大根は皮をむいて5mm厚さのいちょう切りにする。

2 耐熱容器に1、ひき肉をほぐしながらのせ、混ぜ合わせたAをまわしかける。ふんわりとラップをかけて電子レンジで6分加熱し、取り出して一度混ぜる。さらに2分加熱してよく混ぜる。

ちょうどよい歯ごたえでボリューミー

輪切り大根のステーキ

材料(2人分)

大根 …… 6cm(300g)
サラダ油 …… 小さじ2
酒、水 …… 各大さじ2

A
バター …… 10g
みりん、しょうゆ …… 各大さじ1

作り方

1 大根は皮をむいて1.5cm厚さの輪切りにし、片面に格子状に浅く切り込みを入れる。

2 フライパンにサラダ油を中火で熱し、1の切り込みを入れた面を下にして2分焼く。焼き色がついたら裏返し、同様に2分焼く。

3 2に酒、水を加え、弱めの中火でふたをして10分蒸し焼きにする。ふたを取って余分な水けをとばし、Aを加えて全体に煮からめる。

〈大根〉

おいしく食べきるコツ！

先端までハリがあってしわがないもの、まっすぐで重くてかたいもの、ひげ根が少ないものを選んで。

旬

11〜2月／新ごぼう4〜6月

太すぎると「す」が入っている可能性があるので、直径が1円玉くらいで太すぎず、細すぎないものがベスト。

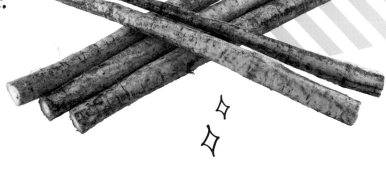

冷蔵保存のコツ

ペーパータオルで包んでからポリ袋に入れて乾燥を防ぐ

冷蔵
1週間

ごぼうは乾燥に弱いのでそのまま保存するとしわしわに。洗いごぼうや使いかけのごぼうはペーパータオルで包んでからポリ袋に入れ、野菜室で保存します。

冷凍保存のコツ

細切りなどで冷凍が◎きんぴらや豚汁に使える

冷凍
1か月

細切りやささがきなどにし、水にさらして水けをよくふき、ラップで包み、チャック付き保存袋に入れて空気を抜いて冷凍を。凍ったままきんぴらや豚汁、炊き込みごはんに。

おいしい！調理のコツ

皮は残して、土だけ落として

ごぼうの皮にはうまみ成分やポリフェノールがたっぷり！ 皮をこそげすぎると味や栄養分が落ちてしまいます。下処理には丸めたアルミホイルを使ってこすり洗いをしてください。土や汚れはしっかり落ちて、皮はしっかりと残ります。

丸めたアルミホイルで土と汚れを落とす

皮はしっかり残してOK

コクのあるうま塩味

冷蔵
3〜4日 / 冷凍
2週間

定番にしたいとっておき常備菜

冷蔵
4〜5日 / 冷凍
2週間

ひき肉は豚ひき肉でも合いびき肉でも OK

ごぼうとひき肉の塩きんぴら

材料（作りやすい分量）

ごぼう …… 大1本（240g）
鶏ひき肉 …… 100g
ごま油 …… 大さじ½
酒 …… 大さじ1と½

A
みりん …… 大さじ1
顆粒和風だしの素 …… 小さじ½
塩 …… 小さじ¼
しょうが（すりおろし）…… ½かけ

作り方

1 ごぼうはよく洗って皮を軽くこそげ、5cm長さの細切りにし、水にさらして水けをきる。

2 フライパンにごま油を中火で熱し、ひき肉を炒める。肉の色が変わってきたら、**1**を加えて3分ほど炒め合わせる。

3 酒を加えてふたをして1分蒸し焼きにし、**A**を加えて全体に味がなじむまで炒め合わせる。

蒸し煮にして牛肉のうまみをごぼうに移します

ささがきごぼうのしぐれ煮

材料（作りやすい分量）

ごぼう …… 大1本（240g）
牛切り落とし肉 …… 180g
しょうが（せん切り）…… 1かけ
サラダ油 …… 小さじ2
酒 …… 大さじ3

A
しょうゆ …… 大さじ3と½
みりん …… 大さじ1と½
砂糖 …… 大さじ1

作り方

1 ごぼうはよく洗って皮を軽くこそげ、太めのささがきにしてから水にさらし、水けをきる。牛肉は食べやすい大きさに切る。

2 フライパンにサラダ油を中火で熱し、しょうがを炒める。香りが出てきたら**1**の牛肉を加えて炒める。肉の色が変わったら、ごぼうを加えて2分ほど炒め合わせる。

3 **2**に酒を加えて煮立ったら**A**を加え、ふたをしてときどき混ぜながら弱めの中火で汁けが少なくなるまで6〜7分煮る。

〈ごぼう〉

独り占めしたい！ 定番副菜 ☆

取り合いになるうまさ♪

冷蔵
3〜4日

冷凍
2週間

冷蔵
3〜4日

冷凍
2週間

和食にも洋食にもなんでも合う！

ごぼうのごまマヨサラダ

材料(4人分)

ごぼう …… 大1本(240g)
にんじん …… ⅓本(50g)
しょうゆ、砂糖 …… 各大さじ½
A｜マヨネーズ …… 大さじ4
　｜すりごま(白) …… 大さじ3

作り方

1 ごぼうはよく洗って皮を軽くこそげ、5cm長さの細切りにし、さっと洗う。にんじんも5cm長さの細切りにする

2 鍋に湯を沸かし、沸騰したらにんじんを1分ゆで、ざるにあげて水けをきる。同じ湯に酢大さじ1(分量外)を加え、ごぼうを3分ほどゆで、同様に水けをきり、しょうゆ、砂糖で下味をつけ、粗熱をとる。

3 ボウルにAを入れて混ぜ合わせ、**2**を加えてあえる。

これだけ覚えて！

ごぼうをゆでたらしょうゆと砂糖で下味をつけると味がぼやけることがなく、作りたての味わいをキープできます。

甘酸っぱくて手が止まらない！

揚げ焼きごぼうの甘酢がらめ

材料(作りやすい分量)

ごぼう …… 大1本(240g)
片栗粉、サラダ油 …… 各適量
A｜酢、しょうゆ …… 各大さじ2
　｜みりん、砂糖 …… 各大さじ1
いりごま(白) …… 大さじ½

作り方

1 ごぼうはよく洗って皮を軽くこそげ、5cm長さに切ってから縦半分に切る。さっと洗って水けをよくふき、薄く片栗粉をまぶす。

2 フライパンにサラダ油を1cm深さまで入れて中火で170℃に熱し、**1**を入れて4〜6分揚げ焼きにし、油をよくきる。

3 **2**のフライパンの油をふき、混ぜ合わせたAを入れて中火で煮立て、**2**を戻し入れていりごまを加えて、全体にからめる。

ごぼうの香りもごちそう！♪

危険なおいしさ！

冷めてもおいしいのでお弁当にうってつけ！

ごぼうのカレーマヨ炒め

材料（2人分）

ごぼう …… 1本（150g）
スライスベーコン …… 1枚
サラダ油 …… 小さじ2
酒 …… 大さじ1
A | マヨネーズ …… 大さじ1
　| カレー粉 …… 小さじ½
　| 塩、こしょう …… 各適量

作り方

1 ごぼうはよく洗って皮を軽くこそげ、5cm長さの短冊切りにし、水にさらして水けをきる。ベーコンは2cm幅に切る。

2 フライパンにサラダ油を中火で熱し、1のごぼうを炒める。油がまわって少ししんなりしてきたら、ベーコンを加えて炒め合わせる。

3 酒を加えてふたをして1分蒸し焼きにし、Aを加えて全体にからめる。

少ない揚げ油で作れるからラクチン！

ごぼうのやみつきから揚げ

材料（2〜3人分）

ごぼう …… 大1本（240g）
A | しょうゆ …… 大さじ2
　| 酒 …… 大さじ1
　| にんにく（すりおろし）…… 小さじ1
片栗粉、サラダ油 …… 各適量

作り方

1 ごぼうはよく洗って皮を軽くこそげ、5mm厚さの斜め薄切りにし、さっと洗って水けをきる。

2 ポリ袋に1、Aを入れてもみ混ぜ、10分おく。汁けをきって片栗粉をまぶす。

3 フライパンにサラダ油を1cm深さまで入れて中火で170℃に熱し、2を入れて3〜4分カリッとするまで揚げ焼きにし、油をよくきる。器に盛り、お好みでマヨネーズを添える。

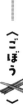
〈ごぼう〉

おいしく食べきるコツ！

旬

11～2月

表面に傷がなく、ふっくらと丸みがあり、持ったときにずっしりと重量感があるものがおいしい。

穴は小さめで、切り口は白色またはクリーム色が新鮮。内側が黒ずんでいるものは避けて。

冷蔵保存のコツ

ペーパータオルで包んでからポリ袋に入れて保存

冷蔵
5日

乾燥すると傷みやすいのでペーパータオルで包んでからポリ袋に入れ、軽く袋の口をとじて冷蔵室で保存します。

冷凍保存のコツ

薄切りにして生のまま冷凍凍ったまま炒めものに

冷凍
1か月

皮をむいてお好みの薄切りにして酢水にさらします。水けをよくふいて使う分ずつラップで包み、チャック付き保存袋に入れて空気を抜いて冷凍を。凍ったまま炒めものや煮もの、汁ものに。

おいしい！調理のコツ

水にひたす？酢水にひたす？

れんこんは切ったままにしておくと変色しやすいので、料理に合わせてアク抜きをします。マリネや酢のものなど、白さとシャキシャキの食感を生かすなら酢水に。炒めもの、煮ものなどほっくりとした食感を味わうなら水にさらしましょう。

マリネや酢のもの

炒めものや煮もの

れんこん

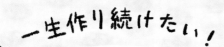

冷蔵
3〜4日

冷凍
2週間

冷蔵
3〜4日

冷凍
2週間

〈れんこん〉

万能調味料を使ったお手軽副菜

焼きれんこんのポン酢煮

材料(4人分)

れんこん …… 大1節(300g)
サラダ油 …… 大さじ1
塩、こしょう …… 各少々
酒 …… 大さじ1
A｜ポン酢しょうゆ …… 大さじ3
　｜砂糖 …… 大さじ1

作り方

1 れんこんは皮をむいて5mm厚さの輪切りにし、水にさらして水けをきる。

2 フライパンにサラダ油を中火で熱し、1を並べ入れて塩、こしょうをして焼く。両面に少し焼き色がついたら酒をふってふたをし、弱めの中火で3〜4分蒸し焼きにする。

3 2に混ぜ合わせたAを加えて煮立て、全体に煮からめる。

地味だけどごはんが進むおいしさ！

れんこんと桜えびのきんぴら

材料(4人分)

れんこん …… 大1節(300g)
桜えび …… 大さじ3
ごま油 …… 小さじ2
酒 …… 大さじ1
A｜しょうゆ、みりん …… 各大さじ1と½

作り方

1 れんこんは皮をむいて5mm厚さの半月切りにし、水にさらして水けをきる。

2 フライパンにごま油を中火で熱し、1を炒める。全体に透き通ってきたら桜えびを加えて1分ほど炒め合わせる。

3 2に酒を加えてふたをして1分蒸し焼きにする。Aを加えて汁けをとばしながら炒め合わせる。

後味がさっぱり

のり塩味、最高☆

冷蔵 3日 / 冷凍 NG

子どもでも食べやすいコンソメしょうゆ味

ゆでれんこんの洋風マリネ

材料（4人分）

れんこん …… 大1節（300g）

A | 顆粒コンソメスープの素 …… 小さじ1
　| 砂糖 …… 大さじ1
　| 塩、こしょう …… 各少々
　| しょうゆ …… 小さじ1
　| 酢 …… 大さじ2
　| オリーブオイル …… 大さじ1

作り方

1 ボウルにAを順に入れてよく混ぜ合わせる。

2 れんこんは皮をむいて5mm厚さの半月切りにし、酢水（分量外）にさらして水けをきる。

3 鍋に湯を沸かし、沸騰したら2を1～2分ゆでる。ざるにあげて水けをよくきり、熱いうちに1に加えてよくあえる。

低温でじっくり揚げるのがコツ！

れんこんチップス磯風味

材料（2～3人分）

れんこん …… 1節（180g）
サラダ油 …… 適量
A | 塩、青のり粉 …… 各適量

作り方

1 れんこんはよく洗い、皮付きのまま3mm厚さの薄切りにし、水けをよくふく。

2 フライパンにサラダ油を2cm深さまで入れて160℃に熱し、1を1枚ずつ入れ、きつね色になるまで2～4分揚げる。油をよくきり、Aをまぶす。

もっと知りたい！

青のり粉の代わりにカレー粉、粉チーズ、粉山椒、七味唐辛子などに替えて楽しむのもおすすめです。

〜明太マヨの黄金コンビ！

れんこんカリカリチーズと相性抜群♬

〈れんこん〉

フライ返しで押さえながら焼くと失敗しない！

れんこんのハムチーズ はさみ焼き

材料（2人分）

れんこん …… 5mm厚さの輪切り×8枚分

A スライスハム（細切り）…… 2枚
溶けるチーズ（シュレッドタイプ）…… 60g

薄力粉 …… 適量
サラダ油 …… 大さじ½
塩、粗びき黒こしょう …… 各適量

作り方

1 れんこんはさっと洗って水けをふく。2枚1組にし、片面に薄力粉をふる。

2 Aは合わせて4等分にし、1の薄力粉をつけた側を内側にして2枚ではさみ、手でしっかり押さえる。全部で4個作る。

3 フライパンにサラダ油をひいて2を並べ入れる。弱めの中火にかけ、フライ返しで押さえながら2〜3分焼く。片面が焼けたら同様に2〜3分焼く。器に盛り、塩、粗びき黒こしょうをふる。

レンジでパパッと！あと1品ほしいときに◎

れんこんの明太マヨあえ

材料（2人分）

れんこん …… 小1節（150g）

A マヨネーズ …… 大さじ2
辛子明太子（薄皮から身をこそげ出す）
…… ½腹（50g）
青じそ（小さくちぎる）…… 2〜3枚

作り方

1 れんこんは皮をむいて3mm厚さのいちょう切りにし、酢水（分量外）にさらして水けをきる。

2 耐熱ボウルに1、水大さじ1（分量外）を入れ、ふんわりとラップをかけて電子レンジで3分加熱する。

3 粗熱がとれたら水けをきり、Aを加えてあえる。

おいしく食べきるコツ！

旬

11～3月

葉は青々としてみずみずしく、変色していないものが◎。茎はしっかりとしたかたさがあるものが新鮮な証拠。

真っ白で根にひび割れや傷がなく、ハリがあるものが良品。ずっしりと重いものは水分がたっぷりでおいしい。

冷蔵保存のコツ

購入したらすぐに葉を切り離して保存を

冷蔵
4日

根から葉を切り分け、それぞれ湿らせたペーパータオルで包んでからポリ袋に入れます。根はそのまま、葉は切ったペットボトルなどに立てて冷蔵室で保存します。

冷凍保存のコツ

半月切りにして生のまま冷凍
凍ったままスープや煮ものに

冷凍
1か月

半月切りやくし形切りなどにし、チャック付き保存袋に重ならないように入れ、空気を抜いて冷凍します。凍ったままスープや煮ものに使えます。

おいしい！調理のコツ

栄養たっぷりの葉はツナ缶と炒めて

かぶの葉や茎はβ-カロテンやビタミンCが豊富なので捨てるのはもったいない！1cm幅に切ってちりめんじゃこやツナ缶と一緒にごま油で炒めて、しょうゆ、酒で調味すれば、ごはんが進むしっとりふりかけが完成します。

かぶの葉みじん切り　ツナ缶　栄養たっぷり！

♪ 香ばしさも おいしさのうち ♪

冷蔵
3日

冷凍
NG

葉と茎もおいしく食べよう！

冷蔵
4〜5日

冷凍
NG

蒸し焼きにしてかぶの甘みを引き出します

焼きかぶのマリネ

材料（4人分）

かぶ …… 3〜4個（400g）
サラダ油 …… 大さじ½
塩、こしょう …… 各少々
A｜ 顆粒コンソメスープの素 …… 小さじ2
　｜ 砂糖 …… 小さじ2
　｜ 酢 …… 大さじ1
　｜ オリーブオイル …… 大さじ1

作り方

1 ボウルにAを順に入れて混ぜ合わせる。

2 かぶは皮をむいて8mm厚さの輪切りにする。

3 フライパンにサラダ油を中火で熱し、2を並べ入れて塩、こしょうをふり、両面を焼く。全体に軽く焼き色がついたらふたをし、弱めの中火で3分ほど蒸し焼きにする。熱いうちに1に加えて全体になじませる。

鶏ガラスープの素を使うのがポイント

かぶのうま塩漬け

材料（作りやすい分量）

かぶ …… 3〜4個（400g）
A｜ 鶏ガラスープの素 …… 小さじ2
　｜ 酢 …… 小さじ2
　｜ 塩 …… 小さじ1

作り方

1 かぶは皮をむいて3mm厚さの薄切りにする。茎と葉は1cm幅に切る。

2 チャック付き保存袋に1、Aを入れてもみ混ぜ、袋の空気を抜いてとじ、冷蔵庫で3時間以上おく。食べるときに軽く水けをしぼる。

〈かぶ〉

 作りおき　大量消費　切るだけ　 フライパン

ほんのりピンク色♡

焼くだけで超ジューシー

| 冷蔵 4〜5日 | 冷凍 NG |

ふりかけの酸味と塩けがマッチ!

かぶの甘酢漬け赤じそ風味

材料（作りやすい分量）

かぶ …… 3〜4個（400g）

A{
酢、砂糖 …… 各大さじ3
赤じそ風味ふりかけ …… 小さじ2
塩 …… 小さじ¼
}

作り方

1 かぶは皮をむいて4〜6等分のくし形切りにする。

2 チャック付き保存袋に1、Aを入れてもみ混ぜ、袋の空気を抜いてとじ、冷蔵庫で3時間以上おく。

ボリュームがあって食べごたえも満点!

かぶのフライパン焼き

材料2人分）

かぶ …… 2個（200g）
ごま油 …… 大さじ½
塩、こしょう、しょうゆ …… 各適量

作り方

1 かぶは茎を2cmほど残して皮をむき、4〜6等分のくし形切りにする。

2 フライパンにごま油を弱めの中火で熱し、1を並べ入れ、塩、こしょうをふる。上下を返しながら全体に焼き色がつくまで3〜4分焼く。

3 器に2を盛り、しょうゆをたらす。

もっと知りたい!

かぶの根元の汚れは水を張ったボウルにしばらくつけ、汚れが浮いてきたら、竹串を使ってかき出します。

ササッと作れておしゃれ

コクうまドレッシングをかけて！

シンプルな味つけでいただきます

かぶと生ハムのカルパッチョ

材料（2人分）

かぶ …… 大1個（120g）
生ハム …… 6枚（45g）
塩 …… 少々
レモン汁 …… 大さじ½
オリーブオイル …… 大さじ1
粗びき黒こしょう …… 適量

作り方

1　かぶはスライサーで薄い輪切りにし、皿に盛って塩をふる。

2　生ハムは食べやすい大きさに手でちぎる。

3　1に2を盛り、レモン汁、オリーブオイルをまわしかけ、粗びき黒こしょうをかける。

かぶは少ししんなりさせて食べやすく！

かぶとスモークサーモンのミルフィーユ

材料（2人分）

かぶ …… 大1個（120g）
スモークサーモン …… 4〜5枚（50g）
塩 …… 少々
A｜ポン酢しょうゆ、オリーブオイル …… 各大さじ1
　｜にんにく（すりおろし） …… 少々

作り方

1　かぶは3mm厚さの輪切りにして12枚用意する。塩をふってしんなりさせ、水けをしぼり、3枚1組にする。スモークサーモンはかぶの大きさに合わせて食べやすい大きさに切る。

2　1のかぶ、スモークサーモン、かぶ、スモークサーモン、かぶの順に重ねる。全部で4個作る。

3　器に2をピックなどで刺して盛り、混ぜ合わせたAをまわしかける。

〈かぶ〉

おいしく食べきるコツ！

形状がふくよかで丸みがあり、ずっしりと重くかたいものが◎。皮が薄くて傷やしわがないものを選んで。

旬

1年中／新じゃがいも4〜5月

芽が出ているものや皮が緑色に変色しているものはNG。

常温保存のコツ

ペーパータオルで包み
風通しのよい冷暗所で保存

常温
1か月

ペーパータオルで包んでかごに入れ、風通しのよい冷暗所で保存します。定期的にペーパータオルが湿っていないか確認して交換を。夏場は野菜室での保存がおすすめ。

冷凍保存のコツ

ゆでてつぶしてから
保存袋に入れて冷凍

冷凍
1か月

ゆでてつぶし、チャック付き保存袋に入れて平らにし、空気を抜いて冷凍を。菜箸で使う分ずつ筋をつけておくと便利。解凍してサラダやポタージュなどに使えます。

おいしい！調理のコツ

ポテサラは水にさらさないで

じゃがいもは水にさらすことで煮崩れを防ぎ、焦げつきにくくなります。煮ものや揚げものなどは水にさらしましょう。ポテトサラダやガレット、クリーム煮などはホクホク感やくっつき感を生かしたいのでさっと水で洗う程度でOK。

サラダやガレットはさっと洗えばOK！

これぞ至福のポテサラ！

シャキシャキと軽い歯ごたえ！

冷蔵 3日 / 冷凍 NG

冷蔵 3日 / 冷凍 NG

〈じゃがいも〉

クリーミーだけどしつこくない
ハムと玉ねぎのポテサラ

材料（4人分）
じゃがいも …… 3個（450g）
玉ねぎ …… ¼個
スライスハム …… 3枚
A 砂糖 …… 小さじ½
塩 …… 小さじ¼
こしょう …… 少々
酢、オリーブオイル …… 各小さじ2
B マヨネーズ …… 大さじ4
牛乳 …… 大さじ2

作り方

1 じゃがいもは皮をむき、半分に切ってから1cm幅に切り、鍋に入れる。かぶるくらいの水を加えて中火にかけ、煮立ったら弱めの中火で10分ゆで、水けをきる。

2 玉ねぎは繊維を断つようにして薄切りにし、ラップで包んで電子レンジで30秒加熱し、水にさらして水けをしぼる。ハムは1.5cm四方に切る。

3 1が熱いうちになめらかになるまでつぶす。混ぜ合わせたAを加えてよく混ぜ、粗熱がとれたら2、Bを加えてあえる。

じゃがいもだけで作れるかんたん作りおき
じゃがいもの炒めナムル

材料（4人分）
じゃがいも …… 3個（450g）
ごま油 …… 大さじ1
A 酒 …… 大さじ1
鶏ガラスープの素 …… 小さじ1
塩、こしょう …… 各少々
しょうゆ …… 小さじ1
いりごま（白）…… 大さじ1

作り方

1 じゃがいもは皮をむいて5mm幅の細切りにし、さっと洗って水けをきる。

2 フライパンにごま油を中火で熱し、1を2分ほど炒める。少ししんなりして透き通ってきたら、Aを加えて全体にからめながら炒める。火を止めてしょうゆ、いりごまを加えてあえる。

もっと知りたい！

男爵いも、キタアカリはポテトサラダやマッシュポテトに、メークインはカレーや肉じゃがに向いています。

クリームチーズ入り！

なめらかな口溶け！

冷蔵
3日

冷凍
NG

冷蔵
3日

冷凍
2週間

たらこの代わりに明太子でもおいしい！

たらもサラダ

材料（4人分）

じゃがいも …… 3個（450g）
甘塩たらこ（薄皮から身をこそげ出す）…… ½腹（50g）
クリームチーズ（個包装タイプ）…… 4個

A
| レモン汁 …… 大さじ½
| オリーブオイル …… 小さじ2
| 白だし …… 小さじ1

作り方

1 じゃがいもは皮をむき、半分に切ってから1cm幅に切り、鍋に入れる。かぶるくらいの水を加えて中火にかけ、煮立ったら弱めの中火で10分ゆで、水けをきる。

2 1が熱いうちになめらかになるまでつぶし、たらこ、Aを加えて混ぜる。

3 手で小さくちぎったクリームチーズも加えてあえる。

これだけ覚えて！

じゃがいもが熱いうちにたらこ、レモン汁とあえるとたらこの生臭さがやわらぎ、おいしさが長持ちします。

ステーキやハンバーグのつけ合わせにも

クリーミーマッシュポテト

材料（4人分）

じゃがいも …… 3個（450g）
バター …… 30g

A
| 牛乳 …… ½カップ
| 生クリーム …… ¼カップ
| 塩 …… 小さじ1弱
| こしょう …… 少々

作り方

1 じゃがいもは皮をむき、半分に切ってから1cm幅に切り、鍋に入れる。かぶるくらいの水を加えて中火にかけ、煮立ったら弱めの中火で10分ゆで、水けをきる。

2 1が熱いうちになめらかになるまでつぶし、バターを加えて溶かす。鍋に戻してAも加えてよく混ぜ、再び弱めの中火にかけ、ぽってりするまで練り混ぜる。

しっとりホクホク！

あっさりだけど
コクうま！

小腹が空いたときやおやつにも◎

じゃがバターチーズ

材料（2人分）

じゃがいも …… 2個（300g）
塩、こしょう …… 各適量
バター …… 10g×2切れ
シュレッドチーズ（生食タイプ） …… 適量

作り方

1 じゃがいもは皮をよく洗い、十字に切り込みを入れる。1個ずつ湿らせたペーパータオルで包んで耐熱皿にのせ、ふんわりとラップをかけて電子レンジで8分加熱する。

2 やけどに気をつけてペーパータオルを外す。器に盛り、塩、こしょうをふり、バターをのせてシュレッドチーズをかける。

材料を入れる順番だけは守って

ベーコン塩麹肉じゃが

材料（2人分）

じゃがいも …… 2個（300g）
玉ねぎ …… ½個（100g）
スライスベーコン …… 2枚
A 塩麹、酒 …… 各大さじ1
水 …… ¼カップ
ごま油 …… 小さじ1
粗びき黒こしょう …… 適量

作り方

1 じゃがいもは皮をむき、小さめの乱切りにして水に2分さらす。玉ねぎは薄いくし形切りにする。ベーコンは4cm幅に切る。

2 耐熱ボウルに玉ねぎ、ベーコン、じゃがいもの順にのせ、**A**をまわしかける。ふんわりとラップをかけて電子レンジで10分加熱する。

3 取り出してラップを外し、ごま油を加えてざっと混ぜる。器に盛り、粗びき黒こしょうをふる。

〈じゃがいも〉

世界一おいしい ☆

居酒屋さんみたい！

いかの塩辛をアンチョビ代わりに使って

じゃがいもの塩辛炒め

材料（2人分）

じゃがいも …… 2個（300g）
いかの塩辛（市販）…… 大さじ2
バター …… 10g
A｜しょうゆ …… 小さじ1
　｜塩、こしょう …… 各少々

作り方

1 じゃがいもは皮をむいて細切りにし、さっと洗って水けをよくきる。いかの塩辛は粗く刻む。

2 フライパンにバターを中火で熱し、**1**のじゃがいもを2分ほど炒める。透き通ってきたら、いかの塩辛を加えて炒め合わせる。

3 **A**を加えて全体にからめながら炒める。

一緒に揚げたにんにくも食べられます

皮付きフライドポテト

材料（2～3人分）

じゃがいも …… 3個（450g）
にんにく …… 3～4かけ
薄力粉、サラダ油、塩 …… 各適量

作り方

1 じゃがいもはよく洗い、皮ごと6～8等分のくし形切りにし、水に30分さらす。水けをよくふき、薄力粉を薄くまぶす。

2 フライパンに**1**、にんにくを皮ごと入れ、ひたひたにかぶるくらいのサラダ油を注ぐ。弱めの中火で熱し、油が160℃に温まってきたらときどきかき混ぜ、10分ほど揚げる。

3 仕上げに火を強めて180℃に熱し、1分ほどカリッと揚げ、油をよくきる。すぐに塩をまぶす。

これだけ覚えて！

じゃがいもは水にさらしてから冷たい油でじっくり揚げると中はホクホク、外はカリカリに揚がります。

155

ピザ生地はもういらない!?

シンプル＆クリーミー！

じゃがいもは水にさらさずに焼きます

薄切りじゃがいものピザ風

材料（2人分）

じゃがいも …… 大1個（180g）
マッシュルーム（ホワイト）…… 2個（20g）
生ハム …… 2枚（15g）
オリーブオイル …… 大さじ1
塩、こしょう、溶けるチーズ …… 各適量
ピザソース …… 大さじ2

作り方

1 じゃがいもはスライサーでできるだけ薄く切る。マッシュルームは軸を少し切り落として薄切りにし、生ハムは半分に切る。

2 フライパンにオリーブオイルをひき、**1**のじゃがいもを1枚ずつ少しずらしながら敷き詰め、塩、こしょうをふる。弱めの中火で熱し、フライ返しで押さえながら3〜4分焼き、一度火を止める。

3 フライパンよりひとまわり小さい皿に**2**を移し、フライパンに裏返して戻し入れる。ピザソースを塗り、マッシュルーム、溶けるチーズをのせる。ふたをして弱めの中火でチーズが溶けるまで2〜3分焼く。器に盛り、生ハムをのせてお好みでドライパセリをふる。

にんにく風味で食欲をそそる

じゃがいものクリーム煮

材料（2人分）

じゃがいも …… 2個（300g）
牛乳 …… 1カップ
生クリーム …… ¼カップ
A　にんにく（すりおろし）…… ½かけ
塩 …… 小さじ⅓
こしょう …… 少々

作り方

1 じゃがいもは3mm厚さの輪切りにする。

2 フライパンに**1**を広げて入れ、**A**を入れて中火にかける。煮立ったら弱めの中火でときどき上下を返しながら10分ほど煮る。

〈じゃがいも〉

おいしく食べきるコツ！

旬 10〜2月

皮の色が均一かつ鮮やかで、ハリとツヤがあり、ひげ根が少ないものが◎。持ったときにずっしりと重く、ふっくらとしているものがベスト。

切り口の両端に黒っぽい液の跡があるものは、完熟して糖度が高い証拠。ただし、カビのようなものは避けて。

常温保存のコツ

ペーパータオルで包み風通しのよい冷暗所で保存

常温 1か月

ペーパータオルで包んでかごに入れ、風通しのよい冷暗所で保存します。定期的にペーパータオルが湿っていないか確認して交換を。夏場は野菜室での保存がおすすめ。

冷凍保存のコツ

輪切りにして生のまま冷凍凍ったまま煮ものや天ぷらに

冷凍 1か月

皮ごとお好みの大きさに切り、水にさらして水けをふき、チャック付き保存袋に入れて空気を抜いて冷凍を。凍ったまま煮ものや天ぷら、炊き込みごはんに使えます。

おいしい！調理のコツ

レンチンで絶品ふかしいも！

さつまいも1本（250g）の両端を切り落とし、ペーパータオルで包んで水で全体を濡らし、ラップでふんわりと包みます。600Wの電子レンジで1分30秒加熱したら、150〜200W（解凍モード）で8〜10分加熱し、竹串がスッと通れば完成。

電子レンジで かんたん！

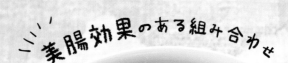

オイスターソースで味わいアップ！

美腸効果のある組み合わせ

冷蔵
4日

冷凍
2週間

冷蔵
4日

冷凍
NG

〈さつまいも〉

冷たい油でゆでるように揚げます

大学いも

材料（作りやすい分量）

さつまいも …… 大1本(300〜350g)
サラダ油 …… 適量
A｜みりん、はちみつ（または砂糖）…… 各大さじ2
A｜水 …… 大さじ1
A｜オイスターソース …… 小さじ2
いりごま(黒) …… 大さじ½

作り方

1 さつまいもはよく洗い、皮ごと1.5cm角×6cmの棒状に切る。水に3分さらして水けをきる。

2 フライパンに1を入れ、サラダ油をさつまいもの半分の高さまで注ぐ。弱めの中火にかけ、油が温まってきたらときどきかき混ぜ、カリッとするまで5〜7分揚げ、油をよくきる。

3 2のフライパンの油を捨て、Aを入れて中火にかける。ふつふつとしてとろみが出てきたら、2を加えて全体にからめ、いりごまを混ぜる。

ヨーグルトの酸味でさっぱり仕立てに

さつまいもの
ヨーグルトナッツサラダ

材料（4人分）

さつまいも …… 大1本(300〜350g)
レーズン …… 大さじ3
スライスアーモンド …… 大さじ2
A｜プレーンヨーグルト …… 大さじ2
A｜オリーブオイル …… 大さじ1
A｜塩 …… 小さじ¼〜⅓
A｜こしょう …… 少々

作り方

1 さつまいもは皮をむいて1cm厚さの輪切りにし、水に3分ほどさらして水けをきる。

2 耐熱ボウルに1を入れて水大さじ2（分量外）をふりかけ、ふんわりとラップをかけて電子レンジで5〜6分加熱する。

3 2のさつまいもを粗くつぶす。Aを加えて混ぜ、レーズン、アーモンドも加えてあえる。

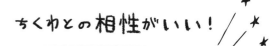

♬甘じょっぱさがいい感じ♬

冷蔵 4日 / 冷凍 NG

ちくわとの相性がいい！

冷蔵 4日 / 冷凍 NG

カレーマヨでごはんとも相性よし！

角切りさつまいもの
カレーマヨサラダ

材料(4人分)

さつまいも …… 大1本(300〜350g)
スライスベーコン …… 2枚

Ⓐ マヨネーズ …… 大さじ2

　カレー粉 …… 小さじ1

　塩、こしょう …… 各適量
粉チーズ…… 適量

作り方

1 さつまいもはよく洗い、皮ごと2cm角に切り、水に3分ほどさらして水けをきる。ベーコンは1cm幅に切る。

2 耐熱ボウルに**1**のさつまいもを入れ、水大さじ2（分量外）をふりかけ、ふんわりとラップをかけて電子レンジで5〜6分加熱する。取り出してベーコンを加えて1分加熱する。

3 **2**の粗熱がとれたらⒶを加えてあえる。食べるときに粉チーズをかけ、お好みでドライパセリをふる。

さつまいもをよく炒めると煮崩れない！

さつまいもとちくわの
甘辛炒め煮

材料(4人分)

さつまいも …… 大1本(300〜350g)
ちくわ …… 3本
ごま油 …… 大さじ½

Ⓐ 水 …… ¾カップ

　みりん、しょうゆ …… 各大さじ1と½

　砂糖 …… 小さじ1

作り方

1 さつまいもはよく洗い、皮ごと乱切りにして水に3分ほどさらして水けをきる。ちくわは斜め4等分に切る。

2 フライパンにごま油を中火で熱し、**1**のさつまいもを2〜3分炒める。

3 全体に油がまわったら、ちくわ、Ⓐを加えてふたをし、弱めの中火で汁けがなくなるまで8〜10分蒸し煮にする。

159

フライパン

何度も作りたくなる！

ついつい手が伸びる！

冷やして食べればデザートになる

輪切りさつまいものレモン煮

材料（2〜3人分）

さつまいも …… 1本（250g）
レモン（輪切り）…… 3〜4枚
A 　水 …… ½カップ
　　はちみつ、砂糖 …… 各大さじ1
　　塩 …… ふたつまみ

作り方

1 さつまいもはよく洗い、皮ごと5mm厚さの輪切りにし、水に3分ほどさらして水けをきる。

2 耐熱容器にAを入れて混ぜて溶かし、1、レモンを入れる。ふんわりとラップをかけて電子レンジで7分加熱する。上下を返してそのまま冷ます。

〈さつまいも〉

もっと知りたい！

余ったら保存容器に移して落としラップをし、ふたをして冷蔵庫で保存してください。4日ほど日持ちします。

アンチョビの塩分に応じて分量は調節して

さつまいものアンチョビバター炒め

材料（2〜3人分）

さつまいも …… 1本（250g）
サラダ油 …… 大さじ½
酒 …… 大さじ1
A 　バター …… 10g
　　アンチョビペースト（チューブ）…… 約2cm

作り方

1 さつまいもはよく洗い、皮ごと7〜8mm厚さの薄切りにしてから5cm長さの棒状に切り、水に3分ほどさらして水けをきる。

2 フライパンにサラダ油を中火で熱し、1を3〜4分炒める。全体に軽く焼き色がついてきたら、酒を加えてふたをして1分蒸し焼きにする。

3 Aを加えて全体に炒め合わせる。

おいしく食べきるコツ！

乾燥しすぎておらず、適度に湿っているものが◎。表面の縞模様は等間隔でくっきりしているほうがよい。

旬
10〜2月

皮に傷やひび割れがなく、ふっくらと丸みを帯びていて、ずっしりと重量感があるものを選んで。

里いも

常温保存のコツ

ペーパータオルで包み
風通しのよい冷暗所で保存

常温
1か月

ペーパータオルで包んでかごに入れ、風通しのよい冷暗所で保存します。定期的にペーパータオルが湿っていないか確認して交換を。夏場は野菜室での保存がおすすめ。

冷凍保存のコツ

輪切りにして生のまま冷凍
凍ったまま煮ものや汁ものに

冷凍
1か月

皮をむいて輪切りにし、塩もみして流水でぬめりを取り、水けをふきます。チャック付き保存袋に入れ、空気を抜いて冷凍を。凍ったまま煮ものや汁ものに使えます。

おいしい！調理のコツ

スルリとかんたんに皮がむける

里いも4個はよく洗って泥を落とし、横にぐるりと一周切り込みを入れます。耐熱容器に入れて約1cmの深さに水を注ぎ、ふんわりとラップをかけて電子レンジで3〜4分加熱します。ペーパータオルを使って皮がかんたんにむけます。

電子レンジで皮むきラクラク！

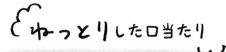

冷蔵
4日

冷凍
2週間

冷蔵
4日

冷凍
NG

仕上げに火を強めて煮つめるのがコツ

里いもの煮っころがし

材料（作りやすい分量）

里いも …… 5〜6個（400g）

A
- だし汁 …… 1カップ
- しょうゆ …… 大さじ2
- みりん、酒、砂糖 …… 各大さじ1

作り方

1 里いもは上下を少し切り落として皮をむき、横半分に切る。

2 鍋に **1**、**A** を入れて中火にかけ、煮立ったら落としぶたをして弱火で15〜18分煮る。ふたを取り、中火にして煮汁が少なくなるまで3〜4分煮つめる。

おせち料理の煮ものとしてもぴったり

里いもの白だし煮

材料（作りやすい分量）

里いも …… 5〜6個（400g）

A
- 水 …… 1と½カップ
- 白だし …… 大さじ2
- みりん …… 大さじ1

作り方

1 里いもは上下を少し切り落として皮をむき、縦半分に切る。塩大さじ1（分量外）でもみ、洗ってぬめりを取り、水けをきる。

2 鍋に **1**、**A** を入れて中火にかけ、煮立ったら落としぶたをして弱火で15〜20分煮る。火を止めてそのまま冷ます。

〈 里 い も 〉

これだけ覚えて！

里いもはぬめりを生かしてねっとり仕上げたいので、このレシピでは塩もみも下ゆでも不要！煮汁に直接入れて煮ます。

揚げない
コロッケ！

あっさり軽めの味わい

冷蔵
4日

冷凍
2週間

とろっとした食感がやみつき

里いもの焼きコロッケ

材料（8個分）

里いも …… 5〜6個（400g）
スライスベーコン …… 2枚

A
片栗粉 …… 大さじ1
塩 …… 小さじ⅓〜小さじ½
こしょう …… 少々

サラダ油 …… 大さじ1と½

作り方

1 里いもは上下を少し切り落として皮をむき、1cm厚さに切る。塩大さじ1（分量外）でもみ、洗ってぬめりを取り、水けをきる。ベーコンは粗みじん切りにする。

2 耐熱容器に**1**の里いもを入れて水大さじ1（分量外）をふり、ふんわりとラップをかけて電子レンジで4分加熱する。取り出して上下を返し、同様に4分加熱してそのまま2分蒸らす。熱いうちにマッシャーなどでつぶし、**A**、ベーコンを加えて混ぜ、冷ましてから8等分の小判形に形を整える。

3 フライパンにサラダ油を中火で熱し、**2**を並べ入れ、両面にこんがり焼き色がつくまで3〜4分焼く。食べるときにお好みでソースをかける。

みそをプラスしてごはんに合うサラダに

里いもとツナの和風ポテサラ

材料（2〜3人分）

里いも …… 3〜4個（240g）
ツナ油漬け缶 …… 1缶（70g）
小ねぎ（小口切り）…… 2本

A
マヨネーズ …… 大さじ2
みそ …… 小さじ2
塩、こしょう …… 各適量

作り方

1 里いもは上下を少し切り落として皮をむき、1cm厚さに切る。塩小さじ2（分量外）でもみ、洗ってぬめりを取り、水けをきる。ツナ缶は缶汁をきる。

2 耐熱容器に**1**の里いもを入れて水大さじ1（分量外）をふり、ふんわりとラップをかけて電子レンジで2分加熱する。取り出して上下を返し、同様に2分加熱する。そのまま2分蒸らし、マッシャーなどで粗くつぶす。

3 **2**に混ぜ合わせた**A**を加えてあえ、**1**のツナ、小ねぎを加えてあえる。

〈里いも〉

生野菜につけて食べてもおいしい！

里いものクリーミーディップ

材料（2〜3人分）

里いも …… 3〜4個（240g）

A
- 牛乳 …… ⅓カップ
- 粉チーズ …… 大さじ2
- 塩 …… 小さじ⅓
- しょうゆ …… 小さじ½
- こしょう …… 少々

クラッカー …… 適量

作り方

1 里いもは上下を少し切り落として皮をむき、1cm厚さに切る。塩小さじ2（分量外）でもみ、洗ってぬめりを取り、水けをきる。

2 耐熱容器に **1** の里いもを入れて水大さじ1（分量外）をふり、ふんわりとラップをかけて電子レンジで2分加熱する。取り出して上下を返し、同様に2分加熱してそのまま2分蒸らす。熱いうちにマッシャーなどでつぶし、**A** を加えてよく混ぜる。

3 器に **2** を盛り、クラッカーを添える。

レンチン

オイスターソースで味が決まる

里いもの
オイスターソース焼き

材料（2人分）

里いも …… 3〜4個（240g）
サラダ油 …… 大さじ1
塩、こしょう …… 各少々
A｜酒、オイスターソース …… 各大さじ1
小ねぎ（小口切り） …… 2本

作り方

1 里いもは上下を少し切り落として皮をむき、5mm厚さの輪切りにする。塩小さじ2（分量外）でもみ、洗ってぬめりを取り、水けをきる。

2 フライパンにサラダ油を弱めの中火で熱し、**1** を並べ入れる。塩、こしょうをふって焼き、焼き色がついてきたらふたをしてときどき返しながら7〜8分焼く。

3 **A** を加えて全体にからめる。器に盛り、小ねぎをちらす。

フライパン

おいしく食べきるコツ！

長いもは太さが均一で表面の凹凸が少ないものが◎。カットされたものは切り口が変色していない、みずみずしいものを選んで。

旬

長いも
3〜4月／11〜12月

大和いも
11〜1月

大和いもは皮にハリがあり、傷や斑点が少ないものが良品。カットされたものは長いもと同様に切り口が変色していないものが◎。

冷蔵保存のコツ

切り口をペーパータオルで覆いポリ袋に入れて保存

冷蔵
1週間

切り口をペーパータオルで覆ってからポリ袋に入れ、野菜室で保存します。真空パックに入っている場合は、そのまま野菜室で保存してもOK。

冷凍保存のコツ

すりおろしてから冷凍解凍してとろろやあえものに

冷凍
2〜3週間

皮をむいてすりおろし、チャック付き保存袋に平らに入れて空気を抜いて冷凍を。菜箸で使う分ずつ筋をつけておくと便利。流水解凍してとろろやあえものに使えます。

おいしい！調理のコツ

ひげ根を落とせば皮ごと食べられる

長いもは皮ごと食べることができますが、ひげ根が気になるところ。きれいに洗って水けをよくふき、フォークなどを刺してコンロの火を当てながらちりちりとあぶって焼き落としましょう。

やけどに気をつけて！

シャキシャキ感
倍増！♪

冷蔵
3日

冷凍
NG

さっぱり梅だれで

ゆずこしょうで風味アップ

長いもの塩麹しょうゆ漬け

材料（作りやすい分量）

長いも …… 14〜15cm（300g）

A
| 塩麹 …… 大さじ2
| しょうゆ …… 大さじ1
| ゆずこしょう …… 小さじ¼

作り方

1 長いもは皮をむき、1cm厚さの半月切りにする。

2 チャック付き保存袋に**1**、**A**を入れて軽くもみ混ぜ、袋の空気を抜いてとじ、冷蔵庫で半日以上おく。

調味料はめんつゆにおまかせ！

長いもの梅おかかあえ

材料（2人分）

長いも …… 7〜8cm（150g）
梅干し …… 1個

A
| めんつゆ（3倍濃縮） …… 大さじ½〜小さじ2
| かつお節 …… 小1パック（2g）

作り方

1 長いもは皮をむき、4cm長さの短冊切りにする。

2 梅干しは種を取って包丁でたたき、**A**と混ぜ合わせる。

3 ボウルに**1**、**2**を入れてあえる。

〈長いも・大和いも〉

もっと知りたい！

長いもは水分が多くてサラサラしていて、大和いもは粘りが強くてもったりした舌触りです。料理によって使い分けましょう。

テッパンの味つけ！

まぐろがもっちり！

加熱すると食感がほっくり！

長いもの
ガーリックバター炒め

材料(2人分)

長いも …… 9〜10cm(200g)
にんにく(みじん切り) …… ½かけ
サラダ油 …… 大さじ½
バター …… 5g
しょうゆ …… 小さじ2

作り方

1 長いもはよく洗い、皮をむかずに1cm厚さの輪切りにする。

2 フライパンにサラダ油、にんにくを入れて弱火で熱し、香りが出てきたら1を並べ入れる。ふたをして弱火で2分焼き、裏返して同様に2分焼く。

3 ふたを取り、バター、しょうゆを加えて全体にからめる。

大和いもは粗めにたたいて食感を楽しんで

大和いもとまぐろの納豆あえ

材料(2人分)

大和いも …… 120g
納豆 …… 1パック(40g)
まぐろ(刺身用) …… 150g
しょうゆ …… 大さじ½

作り方

1 大和いもは皮をむき、ポリ袋に入れてめん棒でたたいてひと口大に割る。

2 まぐろは1cm角に切る。納豆は添付のたれと混ぜておく。

3 ボウルに1、2を入れ、しょうゆを加えてあえる。

皮ごと楽しめる♪♪

とろろごはんにしても◎

仕上げの昆布茶がポイント！

皮付きフライド長いも

材料(2人分)

長いも …… 9〜10㎝(200g)
片栗粉 …… 大さじ3
サラダ油 …… 適量
昆布茶 …… 小さじ1

作り方

1 長いもはよく洗って水けをふき、5㎝長さの拍子木切りにする。

2 ポリ袋に**1**、片栗粉を入れて全体にまんべんなくまぶす。

3 フライパンにサラダ油を1㎝深さまで注ぎ、**2**を入れる。弱めの中火にかけ、油が温まってきたらときどきかき混ぜ、3〜4分揚げる。仕上げに火を強めて1分ほど揚げ、油をよくきり、熱いうちに昆布茶をまぶす。

豆乳入りで滑らかで食べやすい

冷やし豆乳とろろ汁

材料(2人分)

大和いも …… 180〜200g
水 …… ½カップ
白だし …… 大さじ½
無調整豆乳 …… ½カップ
ごま油 …… 小さじ1
青のり粉 …… 適量

作り方

1 大和いもはピーラーで皮をむき、すりおろす。

2 **1**に水を少しずつ加えて溶きのばす。白だし、豆乳を加えて同様に溶きのばす。

3 器に**2**を盛り、ごま油をたらして青のり粉をちらす。

〈長いも・大和いも〉

おいしく食べきるコツ！

旬

1年中

しめじはカサが密集していて軸が太くて白いもの、エリンギは軸が白くて太く、カサが内側に巻き込んでいるものが◎。まいたけはカサが肉厚で弾力があり、触るとパリッと折れそうなものが新鮮。

えのきたけはカサが小さく、閉じているもの、マッシュルームは表面に傷がないものが◎。しいたけはカサの内側が白く、軸が太いものを選んで。

冷蔵保存のコツ

ペーパータオルで包んで 湿気から遠ざけると鮮度長持ち

冷蔵 1週間

ペーパータオルで包んでからポリ袋に入れ、しいたけ、えのきたけ、しめじ、まいたけ、エリンギは冷蔵室、マッシュルームは野菜室で保存を。脱気パックに入ったなめこはチルド室がおすすめ。

冷凍保存のコツ

冷凍するとうまみがアップ！ きのこミックスがおすすめ

冷凍 1か月

きのこ3〜4種類は石づきや汚れを取り除き、お好みの大きさに切ってチャック付き保存袋に入れ、空気を抜いて冷凍を。凍ったまま炒めもの、スープ、パスタに使えます。

おいしい！調理のコツ

マッシュルームは生食がおいしい

きのこ類のなかでも生で食べられるのがマッシュルーム。新鮮なマッシュルームが手に入ったら、ぜひ薄くスライスして食べてください。サラダはもちろん、ゆでたてのパスタにのせて粉チーズと塩、オリーブオイルをかけても！

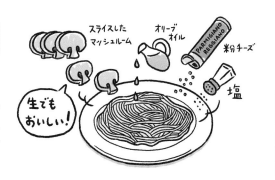

スライスしたマッシュルーム
オリーブオイル
粉チーズ
塩
生でもおいしい！

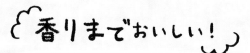

香りまでおいしい！

自家製なめたけは絶品♡

冷蔵
4日

冷凍
2週間

冷蔵
4〜5日

冷凍
2週間

きのこが汗をかくまでじっくり焼いて

ミックスきのこのハーブマリネ

材料（作りやすい分量）

しめじ …… 大1パック（200g）
エリンギ …… 大2本（160g）
マッシュルーム（ホワイト） …… 6〜7個（70g）
塩、こしょう …… 各少々

A
砂糖 …… 小さじ1
塩 …… 小さじ½
酢 …… 大さじ2
オリーブオイル …… 大さじ2
オレガノやバジルなどドライハーブ …… 小さじ½

作り方

1 しめじは石づきを取り、小房に分ける。エリンギは長さを半分に切ってから、縦3〜4等分に切る。マッシュルームは軸を少し切り落とし、縦4等分に切る。

2 フライパンに**1**を広げ入れ、塩、こしょうをする。強めの中火にかけ、全体に汗をかくまで3〜4分焼く。

3 ボウルに**A**を順に入れて混ぜ合わせ、**2**の汁けをきって加えてあえる。粗熱がとれたら冷蔵庫で2時間以上おく。

あえものや和風パスタにも活用できる！

えのきとなめこの梅なめたけ

材料（作りやすい分量）

えのきたけ …… 大2パック（400g）
なめこ …… 1パック（100g）
梅干し …… 2個
酒 …… 大さじ2

A
しょうゆ …… 大さじ2と½
みりん …… 大さじ1と½
酢 …… 小さじ2

作り方

1 えのきたけは根元を切り落とし、長さを3等分に切る。なめこはさっと洗って水けをきる。梅干しは種を取って包丁で粗くたたく。

2 鍋に**1**のきのこ、酒を入れて中火にかけ、煮立ったらふたをして弱めの中火で3分蒸し煮にする。

3 **A**を加えて混ぜ、ふたをして弱火で5分蒸し煮にして火を止める。梅干しを混ぜる。

〈きのこ〉

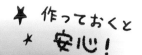

冷蔵
4〜5日 冷凍
2週間

冷蔵
4〜5日 冷凍
2週間

しょうがをきかせておいしさキープ！

ミックスきのこの佃煮

材料（作りやすい分量）

しいたけ …… 4個（60g）
しめじ …… 大1パック（200g）
まいたけ …… 大1パック（200g）
A しょうが（せん切り）…… 大1かけ
酒、しょうゆ …… 各大さじ2
みりん …… 大さじ1
砂糖 …… 小さじ1

作り方

1 しいたけは石づきを取り、薄切りにする。しめじは石づきを取り、小房に分ける。まいたけは手で食べやすい大きさにさく。

2 鍋に1、Aを入れてざっと混ぜる。中火にかけて煮立ったら、弱めの中火でときどき混ぜながら汁けが少なくなるまで5〜6分煮る。

干ししいたけでなくても十分おいしい！

しいたけのうま煮

材料（作りやすい分量）

しいたけ …… 大10個（250g）
A だし汁 …… ¾カップ
しょうゆ …… 大さじ2
酒、みりん …… 各大さじ1
砂糖 …… 大さじ½

作り方

1 しいたけは石づきを取り、軸は薄切りにする。

2 鍋にAを入れて中火にかけ、煮立ったら1を加えて落としぶたをし、弱火で8〜10分煮る。火を止めてそのまま冷ます。

もっと知りたい！

きのこの水洗いは不要です。汚れが気になる場合、なめこ以外は湿らせたペーパータオルで軽くふき取ります。

漬け汁はめんつゆで！♪

冷蔵 3日　冷凍 NG

一度食べたらファンになる！

きのこはお好みのものでもOK！

しいたけとエリンギの 焼きびたし

材料（作りやすい分量）

しいたけ …… 6個（90g）
エリンギ …… 4本（200g）
油揚げ …… 2枚
ごま油 …… 大さじ½
A｜ めんつゆ（3倍濃縮）…… ¼カップ
　｜ 水 …… ¾カップ
　｜ ゆずこしょう　小さじ¼

作り方

1 しいたけは石づきを取り、半分に切る。エリンギは長さを半分に切ってから、縦3等分に切る。油揚げは1枚を8等分の正方形に切る。

2 バットなどにAを合わせておく。

3 フライパンにごま油を中火で熱し、**1**のきのこを入れて全体に焼き色がつくまで2〜3分焼く。焼けた分から**2**に加えてなじませる。同じフライパンで油揚げの両面をカリッとするまで焼き、**2**に加えてなじませる。

すぐできておもてなしにもぴったり

フレッシュマッシュルームの サラダ

材料（2人分）

マッシュルーム（ホワイト）…… 4個（40g）
A｜ 塩 …… 小さじ¼
　｜ にんにく（すりおろし）…… 少々
　｜ 酢 …… 大さじ1
　｜ オリーブオイル …… 大さじ1と½
粉チーズ、粗びき黒こしょう …… 各適量

作り方

1 マッシュルームは軸を少し切り落とし、スライサーで縦に薄切りにする。

2 器に**1**を並べ入れ、混ぜ合わせたAをまわしかける。粉チーズ、粗びき黒こしょうをふる。

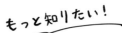
もっと知りたい！

ホワイトマッシュルームはサラダやあっさりした料理に、ブラウンマッシュルームは煮込み料理やみそ汁などに向いています。

〈きのこ〉

★ 調味料はポン酢しょうゆのみ！

きのこ好きに贈る！

火を使わずにササッとできちゃう

しめじとツナのポン酢あえ

材料(2人分)

しめじ …… 大1パック(200g)
ツナ油漬け缶 …… 1缶(70g)
ポン酢しょうゆ …… 大さじ2
小ねぎ(小口切り) …… 1〜2本

作り方

1 しめじは石づきを取り、小房に分ける。ツナ缶は缶汁をきる。

2 耐熱容器に**1**のしめじを入れてふんわりとラップをかけ、電子レンジで2分加熱し、そのまま1分蒸らす。

3 **2**の汁けをきり、ツナ、小ねぎ、ポン酢しょうゆを加えてあえる。

余ったオイルはパスタに活用して

きのことねぎのアヒージョ風

材料(2〜3人分)

しいたけ …… 4〜5個(60g)
マッシュルーム(ホワイト) …… 4〜5個(50g)
長ねぎ …… ½本(50g)
A にんにく(半割りにしてつぶす) …… 1かけ
オリーブオイル …… ¾カップ
塩 …… 小さじ¼〜⅓
バゲット …… 適量

作り方

1 しいたけは石づきを取り、半分に切る。マッシュルームは軸を少し切り落とし、縦半分に切る。長ねぎは2cm長さに切る。

2 フライパンに**A**、**1**の長ねぎを入れてよく混ぜてから弱めの中火にかける。香りが出てきたら、**1**のきのこを加え、ふつふつとしてきたら弱火にし、ときどき混ぜながら7〜8分煮る。

3 器に**2**を盛り、バゲットを添えて浸しながら食べる。

鮭惑の鮭マヨ！

まるでほたてみたい！

超手軽でボリューミー！

しいたけの鮭マヨチーズ焼き

材料（6個分）

しいたけ …… 大6個（150g）

A │ 鮭フレーク …… 大さじ3
　│ マヨネーズ …… 大さじ2

溶けるチーズ …… 40g

作り方

1 しいたけは軸を除く。

2 Aは混ぜ合わせる。

3 1に2、溶けるチーズを等分にのせる。オーブントースターで焼き色がつくまで6〜7分焼く。

ひと口サイズでパクパク食べられる

エリンギのバターじょうゆ焼き

材料（2人分）

エリンギ …… 大1本（80g）
薄力粉 …… 適量
サラダ油 …… 小さじ2
バター …… 10g
しょうゆ …… 小さじ1

作り方

1 エリンギは8mm厚さの輪切りにし、薄力粉を薄くまぶす。

2 フライパンにサラダ油を中火で熱し、1を2分ほど焼く。両面に焼き色がついたら、バター、しょうゆを加えて全体にからめる。

〈きのこ〉

ユニークな
♬おつまみ！♬

滋味深い味わいを堪能！

カルシウムもとれるアイデアレシピ

えのきとしらすのチーズ焼き

材料（2人分）

えのきたけ …… 1パック（100g）
しらす …… 大さじ2
スライスチーズ（溶けるタイプ） …… 4枚
焼きのり …… 適量

作り方

1 えのきたけは根元を切り落とし、長さを3等分に切ってほぐす。しらすと合わせ、4等分にする。

2 フライパンに油をひかずにスライスチーズ2枚を離して並べ入れ、**1**の半量を等分に平らにのせる。中火にかけ、へらで押さえながら2〜3分焼く。

3 チーズが溶けてまとまってきたら裏返し、3cm四方に切ったのりをのせて同様に2〜3分焼く。残りも同様に焼く。

ごはんにもパンにも合う万能な副菜

しめじとまいたけのクリーム煮

材料（2人分）

しめじ …… 1パック（100g）
まいたけ …… 1パック（100g）
玉ねぎ …… ¼個
スライスベーコン …… 2枚
バター …… 10g
薄力粉 …… 大さじ1

A 牛乳 …… ¾カップ
白ワイン …… 大さじ1
塩 …… 小さじ¼
こしょう …… 少々

作り方

1 しめじは石づきを取り、小房に分ける。まいたけは手で食べやすい大きさにさく。玉ねぎは薄切りにする。ベーコンは2cm幅に切る。

2 フライパンにバターを中火で熱し、ベーコン、玉ねぎ、きのこの順に炒める。玉ねぎがしんなりしてきたら薄力粉を加え、粉っぽさがなくなるまで炒める。

3 Aを加えて混ぜ、ときどき混ぜながら弱めの中火で3〜4分煮る。

どれを食べてもハズレなし！

やみつきアボカドレシピ

食べる美容液ともいわれるアボカド。みそ漬けやあえもの、炒めものなど、
こっくりとした味わいを存分に生かした、超かんたんなレシピを厳選しました。

ヘタと皮の間にすき間がなく、適度な弾力があるものが◎。熟していない緑色のアボカドは風通しのよい冷暗所で常温保存し、3〜5日追熟させます。熟したものはポリ袋に入れ、野菜室で保存します。半分に切ったアボカドは種をつけた状態で切り口にレモン汁か酢を塗り、ラップで包んでからポリ袋に入れ、野菜室での保存がおすすめ。

アボカド

常温
3〜4日

冷蔵
4〜5日

ごはんにのせてもおいしい！

アボカドのピリ辛しょうゆ漬け

切って
漬けるだけ

材料(作りやすい分量)

アボカド …… 大1個(220g)

A
| みりん …… 大さじ2
| しょうゆ …… 大さじ2
| 酢 …… 大さじ1
| 豆板醤 …… 小さじ½
| 砂糖 …… 小さじ1

作り方

1 アボカドは種にそって縦にぐるりと切り込みを入れる。左右にひねって半分に割り、種と皮を取り除き、1.5cm角に切る。

2 Aのみりんを耐熱容器に入れ、ラップをかけずに電子レンジで20秒加熱し、残りのAと混ぜ合わせる。

3 2に1を加え、冷蔵庫で1時間ほどおく。

冷蔵
3〜4日

冷凍
NG

切って
漬けるだけ

ねっとりコクうま感が最高！

アボカドのみそ漬け

材料(2人分)

アボカド …… 大1個(220g)

A| みそ、みりん …… 各大さじ2

作り方

1 アボカドは種にそって縦にぐるりと切り込みを入れる。左右にひねって半分に割り、種と皮を取り除く。

2 Aのみりんを耐熱容器に入れ、ラップをかけずに電子レンジで20秒加熱し、残りのAと混ぜ合わせる。

3 ラップに2の半量を広げて1の半量をのせ、みそだれが全体に行き渡るようにラップで包む。残りも同様に作り、冷蔵庫で半日おく。食べやすい大きさに切り分ける。

冷蔵
3日

冷凍
NG

3分おつまみ

ゆずこしょうで風味アップ！

アボカドとサーモンのタルタル

材料（2人分）

アボカド …… 1個（180g）

サーモン（刺身用・さく）…… 150g

A
　ポン酢しょうゆ
　　…… 大さじ1と½
　ゆずこしょう、オリーブオイル
　　…… 各小さじ1
　塩、粗びき黒こしょう
　　…… 各少々

マヨネーズ …… 適量

作り方

1 アボカドは種にそって縦にぐるりと切り込みを入れる。左右にひねって半分に割り、種と皮を取り除き、1.5cm角に切る。サーモンも1.5cm角に切る。

2 ボウルにAを入れて混ぜ合わせ、1を加えてあえる。

3 器に2を盛り、マヨネーズをかける。

材料3つでメチャうま！

アボカドの塩昆布あえ

3分おつまみ

材料（2人分）

アボカド …… 1個（180g）

A
　塩昆布 …… 5g
　ごま油 …… 小さじ2

作り方

1 アボカドは種にそって縦にぐるりと切り込みを入れる。左右にひねって半分に割り、種と皮を取り除き、大きめのひと口大に切る。

2 ボウルに1を入れ、Aを加えてさっくりあえる。

つぶして混ぜるだけ

野菜スティックとも相性バッチリ！

アボカドのチーズディップ

材料（2人分）

アボカド …… 1個（180g）

クリームチーズ（個包装タイプ）…… 2個

A
　マヨネーズ …… 大さじ1
　レモン汁 …… 小さじ1
　塩、こしょう …… 各少々

作り方

1 ボウルにクリームチーズを入れ、なめらかになるまで混ぜ、Aも加えて混ぜる。

2 アボカドは種にそって縦にぐるりと切り込みを入れる。左右にひねって半分に割り、種と皮を取り除き、適当な大きさに切る。1に加えてフォークでつぶし、混ぜる。

3 器に2を盛り、お好みでバゲットを焼いて添える。

あっという間に完成!

アボカドのポン酢あえ

材料(2人分)

アボカド …… 1個(180g)

A
- ポン酢しょうゆ …… 大さじ1
- 砂糖 …… ふたつまみ
- にんにく(すりおろし) …… 少々
- オリーブオイル …… 小さじ1

作り方

1 アボカドは種にそって縦にぐるりと切り込みを入れる。左右にひねって半分に割り、種と皮を取り除き、ひと口大に切る。

2 ボウルにAを入れて混ぜ合わせ、1を加えてあえる。

焼き肉のたれでお手軽に!

よだれアボカド

材料(2人分)

アボカド …… 大1個(220g)

A
- 焼き肉のたれ …… 大さじ1
- しょうゆ …… 小さじ1
- ごま油 …… 大さじ½
- ラー油 …… 少々

小ねぎ(小口切り) …… 2本

作り方

1 アボカドは種にそって縦にぐるりと切り込みを入れる。左右にひねって半分に割り、種と皮を取り除き、1cm厚さに切る。

2 器に1を盛り、混ぜ合わせたAをまわしかけ、小ねぎをちらす。

ツナたっぷりのミニグラタン風!

アボカドのツナチーズ焼き

材料(2人分)

アボカド …… 1個(180g)
ツナ油漬け缶 …… 1缶(70g)

A
- マヨネーズ …… 大さじ1と½
- みそ …… 小さじ1

溶けるチーズ …… 40g

作り方

1 アボカドは種にそって縦にぐるりと切り込みを入れる。左右にひねって半分に割り、種と皮を取り除く。

2 ツナ缶は缶汁をきり、ボウルに入れてAと混ぜ合わせる。

3 1のくぼみに2を等分に入れ、溶けるチーズをのせてオーブントースターで5~6分焼く。

悶絶するほどおいしい！

アボカドと明太子の揚げ春巻き

フライパン

材料（6個分）

アボカド …… 1個（180g）
辛子明太子（薄皮から身をこそげ出す）…… 小1腹（60g）
クリームチーズ（個包装タイプ）…… 4個
A｜マヨネーズ …… 大さじ1
　｜塩、粗びき黒こしょう …… 各少々
春巻きの皮 …… 小6枚
揚げ油 …… 適量

作り方

1 アボカドは種にそって縦にぐるりと切り込みを入れる。左右にひねって半分に割り、種と皮を取り除き、1cm角に切る。クリームチーズも1cm角に切る。

2 ボウルに**1**、明太子、**A**を入れて混ぜ合わせる。春巻きの皮に等分にのせて巻き、巻き終わりを水溶き薄力粉（分量外）をつけて留める。全部で6個作る。

3 フライパンにサラダ油を深さ2cmほど入れて170℃に熱し、**2**を2〜3分揚げ、油をよくきる。

マヨネーズで炒めておいしさアップ！

アボカドのカレーマヨ炒め

切って
炒めるだけ

材料（2人分）

アボカド …… 大1個（220g）
マヨネーズ …… 大さじ1
塩、こしょう …… 各少々
しょうゆ …… 小さじ1
カレー粉 …… 小さじ½

作り方

1 アボカドは種にそって縦にぐるりと切り込みを入れる。左右にひねって半分に割り、種と皮を取り除き、ひと口大に切る。

2 フライパンにマヨネーズを中火で熱し、**1**を入れて塩、こしょうをして炒める。少し焼き色がついたら、しょうゆを加えてさっと炒め合わせる。

3 器に**2**を盛り、カレー粉をふる。

超スピード丼

やわらかめのアボカドが合う！

やみつきアボカド丼

材料（2人分）

アボカド …… 大1個（220g）
卵黄 …… 2個分
A｜しょうゆ …… 小さじ2
　｜ごま油 …… 小さじ1
　｜練りわさび（チューブ）…… 少々
焼きのり（全形）…… ½枚
温かいごはん …… 240g

作り方

1 アボカドは種にそって縦にぐるりと切り込みを入れる。左右にひねって半分に割り、種と皮を取り除き、ひと口大に切ってからフォークで粗くつぶす。

2 ボウルに**1**を入れ、**A**を加えてあえる。

3 器にごはんをよそい、ちぎった焼きのり、**2**、卵黄をのせる。

アルモンデ！野菜スープ

┤ コンソメベース ├

おなじみ食材を使いきり！

にんじんとキャベツのコンソメスープ

ボリューム満点！

材料(2人分)

にんじん …… 大⅓本(70g)
玉ねぎ …… ⅓〜½個(100g)
キャベツ …… 2枚(80g)
スライスベーコン …… 2枚
オリーブオイル …… 大さじ½
A 水 …… 2と¼カップ
　　顆粒コンソメスープの素 …… 小さじ2
塩、こしょう …… 各少々

作り方

1 にんじん、玉ねぎは1.5cm角に切る。キャベツ、ベーコンは1.5cm四方に切る。

2 鍋にオリーブオイルを中火で熱し、**1**を2〜3分炒め、野菜がしんなりしてきたら**A**を加える。

3 煮立ったら弱めの中火にし、ふたをして2〜3分蒸し煮にする。塩、こしょうで味をととのえる。

具材アレンジ①
カリフラワーのコンソメスープ

材料(2人分)と作り方

❶**カリフラワー¼株(100g)**は小房に分ける。**アスパラガス2本(40g)**は斜め4〜6等分に切る。**ウインナー2本**は8mm幅に切る。
❷鍋に**オリーブオイル大さじ½**を中火で熱し、①を1〜2分炒め、野菜がしんなりしてきたら、**水2と¼カップ、顆粒コンソメスープの素小さじ2**を加える。
❸煮立ったら弱めの中火にし、ふたをして2〜3分蒸し煮にする。**塩、こしょう各少々**で味をととのえる。

具材アレンジ②
ブロッコリーのコンソメスープ

材料(2人分)と作り方

❶**ブロッコリー大¼株(75g)**は小房に分ける。**ミニトマト3〜4個(60g)**は縦半分に切る。**コーン水煮缶大さじ2**は缶汁をきる。
❷鍋に**水2と¼カップ、顆粒コンソメスープの素小さじ2**を入れて中火にかけ、煮立ったら①を加えて弱めの中火にし、ふたをして2〜3分蒸し煮にする。**塩、こしょう各少々**で味をととのえる。

中途半端に余った野菜の使いみちに困っている人は必見！ さっと煮てスープにすれば、大満足の副菜に大変身！ スープのベースはコンソメ風、中華風、和風など親しみやすいものを厳選。ベースの割合が同じでも具材をアレンジすればいろいろな味わいが楽しめます。

豆乳ベース

ほっこり温まるシンプルスープ！
大根と長ねぎの豆乳スープ

やさしい味わい

材料（2人分）

大根 …… 4cm（200g）
長ねぎ …… ⅓本（35g）
A 水 …… 1と¼カップ
　鶏ガラスープの素 …… 小さじ2
無調整豆乳 …… 1カップ
塩、こしょう …… 各少々

作り方

1 大根は5mm厚さのいちょう切りにし、長ねぎは斜め薄切りにする。

2 鍋にA、1の大根を入れて中火にかける。煮立ったら弱めの中火にし、ふたをして4〜5分蒸し煮にする。

3 長ねぎ、豆乳を加えて煮立たせないように1〜2分温め、塩、こしょうで味をととのえる。

具材アレンジ①
白菜の豆乳ザーサイスープ

材料（2人分）と作り方

❶**白菜2〜3枚（200g）**は細切り、**しめじ½パック（50g）**は石づきを取り、小房に分ける。**ザーサイ（味付き）20g**は粗く刻む。
❷鍋に**水1と¼カップ、鶏ガラスープの素小さじ2**を入れて中火にかける。煮立ったら①を加えて弱めの中火にし、ふたをして2〜3分蒸し煮にする。
❸**無調整豆乳1カップ**を加えて煮立たせないように1〜2分温め、**塩、こしょう各少々**で味をととのえる。

具材アレンジ②
さつまいもの豆乳スープ

材料（2人分）と作り方

❶**さつまいも大⅓本（100g）**は皮ごと1cm角に切り、さっと水で洗う。**玉ねぎ½個（100g）**は1cm角に切り、**スライスベーコン2枚**は1cm幅に切る。
❷鍋に①、**水1と¼カップ、鶏ガラスープの素小さじ2**を入れて中火にかける。煮立ったら弱めの中火にし、ふたをして4〜5分蒸し煮にする。
❸**無調整豆乳1カップ**を加えて煮立たせないように1〜2分温め、塩、こしょう各少々で味をととのえる。

中華風ベース

免疫力アップにもおすすめ！

トマトと小ねぎの中華風スープ

材料(2人分)

トマト …… 1個(150g)
小ねぎ …… ¼把(25g)

A
水 …… 2と½カップ
鶏ガラスープの素 …… 小さじ2

B
塩、こしょう …… 各少々
ごま油 …… 小さじ½

作り方

1 トマトは1.5cm角に切る。小ねぎは3cm長さに切る。

2 鍋にAを入れて中火にかけ、煮立ったら1を順に加えてさっと煮る。Bで味をととのえる。

> ほどよい酸味がいい

具材アレンジ①

にらとしいたけの中華風卵スープ

材料(2人分)と作り方

①にら½把(50g)は4cm長さに切る。**しいたけ2個(30g)**は石づきを取り、薄切りにする。**卵1個**は溶きほぐす。

②鍋に**水2と½カップ**、**鶏ガラスープの素小さじ2**を入れて中火にかける。煮立ったら①の**にらとしいたけ**を加えてさっと煮て、**塩、こしょう各少々**、**ごま油小さじ½**で味をととのえる。

③**溶き卵**をまわし入れて卵が浮いてきたら火を止める。

具材アレンジ②

にんじんと豆苗の中華風スープ

材料(2人分)と作り方

①**にんじん½本(75g)**は細切り、**豆苗½パック(125g)**は根元を切り落とし、3等分の長さに切る。

②鍋に**水2と½カップ**、**鶏ガラスープの素小さじ2**、①のにんじんを入れて中火にかける。煮立ったら弱めの中火で2〜3分煮る。

③豆苗を加えて1〜2分煮て、**塩、こしょう各少々**、**ごま油小さじ½**で味をととのえる。

トマトベース

トマト缶ナシでも作れる！

なすのベーコントマトスープ

材料(2人分)

なす …… 1本(90g)
マッシュルーム …… 2〜3個(30g)
スライスベーコン …… 2枚
バター …… 5g

A
水 …… 2と¼カップ
トマトケチャップ …… 大さじ2
顆粒コンソメスープの素 …… 小さじ2

塩、こしょう …… 各少々

作り方

1 なすは2cm角に切り、マッシュルームは軸を少し切り落とし、縦3等分に切る。ベーコンは2cm幅に切る。

2 鍋にバターを中火で溶かし、1を2分ほど炒める。全体に油がまわったらAを加える。

3 煮立ったら弱めの中火にし、ふたをして2〜3分蒸し煮にする。塩、こしょうで味をととのえる。器に盛り、お好みで粉チーズをかける。

> ケチャップが大活躍！

具材アレンジ①

玉ねぎとハムのトマトスープ

材料(2人分)と作り方

①**セロリ½本(50g)**は筋を取り、**玉ねぎ½個(100g)**とともに1.5cm角に切る。**スライスハム2枚**は半分に切ってから2cm幅に切る。

②鍋に**バター5g**を中火で溶かし、①を2分ほど炒める。全体に油がまわったら、**水2と¼カップ**、**トマトケチャップ大さじ2**、**顆粒コンソメスープの素小さじ2**を加える。

③煮立ったら弱めの中火にし、ふたをして3〜4分蒸し煮にする。**塩、こしょう各少々**で味をととのえる。

具材アレンジ②

夏野菜のトマトツナスープ

材料(2人分)と作り方

①**パプリカ(黄)½個(75g)**、**ズッキーニ⅓本(70g)**は1.5cm角に切る。

②鍋に**バター5g**を中火で溶かし、①、**ツナ油漬け缶½缶(35g)**を缶汁ごと入れ、2分ほど炒める。全体に油がまわったら、**水2と¼カップ**、**トマトケチャップ大さじ2**、**顆粒コンソメスープの素小さじ2**を加える。

③煮立ったら弱めの中火にし、ふたをして2〜3分蒸し煮にする。**塩、こしょう各少々**で味をととのえる。

和風ベース

しょうが風味でさっぱり！

オクラとえのきの和風スープ

材料（2人分）

オクラ …… 3本(30g)

えのきたけ …… 1パック(100g)

A
水 …… 2と¼カップ
顆粒和風だしの素 …… 小さじ1
しょうが（すりおろし）…… ½かけ

B
しょうゆ …… 小さじ2
みりん …… 小さじ1

作り方

1 オクラは塩小さじ½（分量外）をまぶして手でこすり合わせ、洗い流して水けをきる。ヘタを取ってガクをぐるりとむき、小口切りにする。えのきたけは根元を切り落とし、3等分の長さに切る。

2 鍋にAを入れて中火にかけ、煮立ったら**1**を加えて2分ほど煮て、Bで味をととのえる。

おなか
快調スープ

具材アレンジ①

根菜の和風スープ

材料（2人分）と作り方

❶ごぼう⅓本 (50g)、にんじん½本 (75g) は細切りにし、ごぼうだけ水にさっとさらす。

❷鍋に**水2と¼カップ**、顆粒和風だしの素**小さじ1**、①を入れて中火にかける。煮立ったら弱めの中火にし、ふたをして3〜4分蒸し煮にする。

❸しょうが（すりおろし）½かけ、しょうゆ小さじ2、みりん小さじ1で味をととのえる。

具材アレンジ②

小松菜の和風スープ

❶**小松菜½把 (100g)** は4cm長さに切り、**長ねぎ⅓本 (35g)** は小口切りにする。

❷鍋に**水2と¼カップ**、顆粒和風だしの素**小さじ1**を入れて中火にかける。煮立ったら①を加えて弱めの中火にし、2分ほど煮る。

❸**しょうが（すりおろし）½かけ、しょうゆ小さじ2、みりん小さじ1**を加えて味をととのえる。

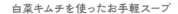

韓国風ベース

白菜キムチを使ったお手軽スープ

もやしとにらの韓国風スープ

材料（2人分）

もやし …… ½袋(100g)

にら …… ½束(50g)

白菜キムチ …… 50g

A
水 …… 2と¼カップ
鶏ガラスープの素 …… 大さじ½
しょうゆ …… 小さじ1

B
塩、こしょう …… 各少々
ごま油 …… 小さじ½

作り方

1 にらは4cm長さに切る。

2 鍋にAを入れて中火にかける。煮立ったらもやし、白菜キムチ、**1**を加えて1〜2分煮て、Bで味をととのえる。

ピリ辛で
体もポカポカ！

具材アレンジ①

じゃがいもの韓国風スープ

材料（2人分）と作り方

❶じゃがいも1個 (150g) は5mm厚さの半月切りにし、さっと水で洗う。玉ねぎ½個 (100g) は薄めのくし形切りにする。

❷鍋に**水2と¼カップ**、鶏ガラスープの素**大さじ½**、①を入れて中火にかける。煮立ったら**白菜キムチ50g**を加え、弱めの中火でふたをして3〜4分蒸し煮にする。

❸**しょうゆ小さじ1、塩、こしょう各少々、ごま油小さじ½**で味をととのえる。

具材アレンジ②

えのきとわかめの韓国風スープ

材料（2人分）と作り方

❶**えのきたけ½パック (50g)** は根元を切り落とし、3等分の長さに切る。**長ねぎ½本 (50g)** は斜め薄切りにする。

❷鍋に**水2と¼カップ**、鶏ガラスープの素**大さじ½**、①のえのきたけを入れて中火にかけ、煮立ったら**白菜キムチ50g、長ねぎ、カットわかめ（乾燥）2g**を加え、弱めの中火でふたをして2分ほど蒸し煮にする。

❸**しょうゆ小さじ1、塩、こしょう各少々、ごま油小さじ½**で味をととのえる。

絶品！野菜のポタージュ

野菜をたっぷり使ったポタージュ。蒸し煮にすると野菜の甘みやうまみが引き出されるので、スープの素を使わなくてもとびきりおいしく仕上がります。

ワンポイント

冷凍で作りおきをする場合、作り方3の工程まですませてペースト状にします。完全に冷めたら食べる分ずつチャック付き保存袋に入れて平らにし、冷凍庫で保存します。食べるときは流水で半解凍して鍋に入れ、牛乳や豆乳、生クリームを加えて温めてください。

焦がさないように炒めるのがコツ！

カリフラワーのポタージュ

冷蔵 3〜4日　冷凍 2週間

まろやかクリーミー

材料（4〜6人分）

カリフラワー …… 1株(400g)	塩 …… 小さじ½〜⅔
玉ねぎ …… ½個(100g)	Ⓐ 牛乳 …… 1カップ
バター …… 20g	生クリーム …… ¼カップ
水 …… 2カップ	

作り方

1 カリフラワーは小さめの小房に分ける。玉ねぎは薄切りにする。

2 鍋にバターを弱めの中火で溶かし、**1**を入れて焦がさないように2〜3分炒める。

3 水、塩を加え、煮立ったら弱火でふたをして15分蒸し煮にし、一度火を止める。フードプロセッサーやハンドミキサーでなめらかなペースト状にする。

4 鍋に**3**を戻し入れ、Ⓐを加えて煮立たせないように温める。

牛乳を豆乳に替えてもおいしい！

にんじんとトマトのポタージュ

材料（4〜6人分）

にんじん …… 1本(150g)	水 …… 2カップ
トマト …… 2個(300g)	塩 …… 小さじ½〜⅔
玉ねぎ …… ½個(100g)	Ⓐ 牛乳 …… 1カップ
バター …… 20g	生クリーム …… ¼カップ

冷蔵 3〜4日　冷凍 2週間

肌にいい組み合わせ

作り方

1 にんじんは7〜8mm厚さの輪切りにし、玉ねぎは薄切りにする。トマトはざく切りにする。

2 鍋にバターを弱めの中火で溶かし、**1**のにんじん、玉ねぎを入れて焦がさないように2〜3分炒める。

3 トマト、水、塩を加え、煮立ったら弱火でふたをして15分蒸し煮にし、一度火を止める。フードプロセッサーやハンドミキサーでなめらかなペースト状にする。

4 鍋に**3**を戻し入れ、Ⓐを加えて煮立たせないように温める。

きのこの組み合わせは自由自在！

きのこのポタージュ

冷蔵
3〜4日

冷凍
2週間

極上の
うまみを堪能

コラム⑥

材料(4〜6人分)

マッシュルーム …… 10個(100g)
しいたけ …… 4個(60g)
しめじ …… 1パック(100g)
玉ねぎ …… ½個(100g)
バター …… 20g

白ワイン …… 大さじ1
水 …… 2カップ
塩 …… 小さじ½〜⅔

A 牛乳 …… 1カップ
生クリーム …… ¼カップ

作り方

1 マッシュルームは軸を少し切って薄切りにし、しいたけは石づきを取って薄切りにする。しめじも石づきを取り、小房に分ける。玉ねぎは薄切りにする。

2 鍋にバターを弱めの中火で溶かし、**1**の玉ねぎを入れて炒める。しんなりしてきたら**1**のきのこを加えて焦がさないように2〜3分炒める。

3 白ワイン、水、塩を加え、煮立ったら弱火でふたをして15分蒸し煮にし、一度火を止める。フードプロセッサーやハンドミキサーでなめらかなペースト状にする。

4 鍋に**3**を戻し入れ、**A**を加えて煮立たせないように温める。

なめらかな喉ごしにうっとり！

ビシソワーズ

材料(4〜6人分)

じゃがいも …… 3個(450g)
玉ねぎ …… ½個(100g)
バター …… 20g
水 …… 2カップ
塩 …… 小さじ½〜⅔

A 牛乳 …… 1カップ
生クリーム …… ¼カップ

作り方

1 じゃがいもは薄切りにし、さっと洗う。玉ねぎも薄切りにする。

2 鍋にバターを弱めの中火で溶かし、**1**を入れて焦がさないように2〜3分炒める。

3 水、塩を加え、煮立ったら弱火でふたをして15分蒸し煮にし、一度火を止める。フードプロセッサーやハンドミキサーでなめらかなペースト状にする。

4 鍋に**3**を戻し入れ、**A**を加えて煮立たせないように温める。粗熱がとれたら冷蔵庫で冷やす。

何度も
作りたくなる！

冷蔵
3〜4日

冷凍
2週間

皮ごとで栄養もとれちゃう！

なすのポタージュ

しみじみ
奥深い味わい

冷蔵
3〜4日

冷凍
2週間

材料(4〜6人分)

なす …… 4本(360g)
長ねぎ …… ½本(50g)
バター …… 20g
水 …… 2カップ
塩 …… 小さじ½〜⅔

A 無調整豆乳 …… 1カップ
生クリーム …… ¼カップ

作り方

1 なすは1cm厚さの輪切りにし、水にさらす。長ねぎは小口切りにする。

2 鍋にバターを弱めの中火で溶かし、**1**の長ねぎを入れて炒める。しんなりしてきたら水けをきったなすを加え、焦がさないように2〜3分炒める。

3 水、塩を加え、煮立ったら弱火でふたをして15分蒸し煮にし、一度火を止める。フードプロセッサーやハンドミキサーでなめらかなペースト状にする。

4 鍋に**3**を戻し入れ、**A**を加えて煮立たせないように温める。

食材別さくいん

【野菜・野菜加工品・漬けもの・ハーブ類】

人生を変える
おいしい副菜が
見つかりますように！

著者
倉橋利江 （くらはし　としえ）
Toshie Kurahashi

レシピ作家・編集者

料理上手な母の影響で、小学生の頃から台所に立って料理を覚える。料理本編集者として出版社に勤務し、編集長として料理ムックの発行を多数手がけ、さらに大手出版社にて料理雑誌の編集に携わったのちフリー編集者に。独立後、これまでに80冊以上の料理書籍やムックを担当し、数々のヒット商品を送り出す。20年以上の編集経験から、料理家と読者の間をつなぐ存在でありたいと思い、仕事で学んだプロのコツと独自のアイデアを組み合わせた「手に入りやすい食材で、作りやすく、恋しくなるレシピ」を考案している。著書に料理レシピ本大賞【料理部門】第6回・第8回入賞の『作りおき＆帰って10分おかず336』『野菜はスープとみそ汁でとればいい』ほか、『やせる！作りおき＆帰って10分おかず330』『作りおき＆朝7分お弁当312』『野菜の作りおき＆帰って10分おかず332』『冷凍でおいしくなる！かんたん作りおき　Premium』『かんたん！味つけの黄金比　ポン酢とマヨは1：1がいい』『レパートリーは少なくていい　簡単シンプル！やみつきレシピ』（いずれも新星出版社）などがある。NHKラジオ『ごごカフェ』にも出演。

Staff

アートディレクション・デザイン
小椋由佳

撮影
松久幸太郎

スタイリング
宮澤由香

調理アシスタント
岩本英子　深谷いづみ

イラスト
ナカミサコ

校正
高柳涼子

DTP
宇田川由美子

企画・構成・編集
宮下舞子

構成・編集・文
倉橋利江

本書の内容に関するお問い合わせは、**書名、発行年月日、該当ページを明記の上、書面、FAX、お問い合わせフォームにて、当社編集部宛にお送りください。電話によるお問い合わせはお受けしておりません。**また、本書の範囲を超えるご質問等にもお答えできませんので、あらかじめご了承ください。
　FAX：03-3831-0902
　お問い合わせフォーム：https://www.shin-sei.co.jp/np/contact-form3.html

落丁・乱丁のあった場合は、送料当社負担でお取替えいたします。当社営業部宛にお送りください。
本書の複写、複製を希望される場合は、そのつど事前に、出版者著作権管理機構（電話：03-5244-5088、FAX：03-5244-5089、e-mail：info@jcopy.or.jp）の許諾を得てください。
JCOPY ＜出版者著作権管理機構 委託出版物＞

ずっと使える!ぜんぶおいしい! 万能な副菜

2023年12月15日　初版発行
2024年 3 月15日　第2刷発行

著　者　　倉　橋　利　江
発　行　者　　富　永　靖　弘
印　刷　所　　株式会社新藤慶昌堂

発行所　東京都台東区　株式　新星出版社
　　　　台東2丁目24　会社
　　　　〒110-0016　☎03(3831)0743

© Toshie Kurahashi　　　　　　Printed in Japan

ISBN978-4-405-09451-2